紹興大典

史部

乾隆餘姚志

1

中華書局

圖書在版編目(CIP)數據

(乾隆)餘姚志 / (清)唐若瀛纂修. －北京：中華書局，2024.6. －(紹興大典). － ISBN 978-7-101-16671-2

Ⅰ. K295.54

中國國家版本館 CIP 數據核字第 2024ZZ5172 號

書　　名	(乾隆)餘姚志(全四册)
叢 書 名	紹興大典・史部
纂 修 者	〔清〕唐若瀛
項目策劃	許旭虹
責任編輯	梁五童
助理編輯	任凱龍
裝幀設計	許麗娟
責任印製	管　斌
出版發行	中華書局
	(北京市豐臺區太平橋西里38號 100073)
	http: // www. zhbc. com. cn
	E-mail: zhbc@zhbc. com. cn
圖文制版	禾風雅藝文化發展有限公司
印　　刷	天津藝嘉印刷科技有限公司
版　　次	2024年6月第1版
	2024年6月第1次印刷
規　　格	開本787×1092毫米　1/16
	印張107 ¾　插頁4
國際書號	ISBN 978-7-101-16671-2
定　　價	1800.00元

學術顧問（按姓氏筆畫排序）

安平秋　李　岩　吴　格
袁行霈　張志清　葛劍雄
樓宇烈

編纂工作指導委員會

主　　任　盛閱春（二〇二二年九月至二〇二三年一月在任）

溫　暖　施惠芳　肖啓明　熊遠明

第一副主任　丁如興

副 主 任　陳偉軍　汪俊昌　馮建榮

成　　員（按姓氏筆畫排序）

王静静　朱全紅　沈志江　金水法　俞正英

胡華良　茹福軍　徐　軍　陳　豪　黄旭榮

裘建勇　樓　芳　魯霞光　魏建東

編纂委員會

主　　編　馮建榮

副 主 編　黄錫雲　尹　濤　王静静　李聖華　陳紅彦

委　　員（按姓氏筆畫排序）

王静静　尹　濤　那　艷　李聖華　俞國林

陳紅彦　陳　誼　許旭虹　馮建榮　葉　卿

黄錫雲　黄顯功　楊水土

史部主編　黄錫雲　許旭虹

序

紹興是國務院公布的首批中國歷史文化名城，是中華文明的多點起源地之一和越文化的發祥、壯大之地。從嵊州小黄山遺址迄今，已有一萬多年的文化史；從大禹治水迄今，已有四千多年的文明史；從越國築句踐小城和山陰大城迄今，已有兩千五百多年的建城史。建炎四年（一一三〇），宋高宗駐蹕越州，取義「紹奕世之宏庥，興百年之丕緒」，次年改元紹興，賜名紹興府，領會稽、山陰、蕭山、諸暨、餘姚、上虞、嵊、新昌等八縣。元改紹興路，明初復爲紹興府，清沿之。

紹興坐陸面海，嶽峙川流，風光綺麗，物産富饒，民風淳樸，士如過江之鯽，彬彬稱盛。春秋末越國有「八大夫」佐助越王卧薪嘗膽，力行「五政」，崛起東南，威續戰國，四分天下有其一，成就越文化的第一次輝煌。秦漢一統後，越文化從尚武漸變崇文。晉室東渡，北方士族大批南遷，王、謝諸大家紛紛遷居於此，一時人物之盛，雲蒸霞蔚，學術與文學之盛冠於江左，給越文化注入了新的活力。唐時的越州是詩人行旅歌詠之地，形成一條江南唐詩之路。至宋代，尤其是宋室南遷後，越中理學繁榮，文學昌盛，領一時之先。明代陽明心學崛起，這一時期的越文化，宣導致良知、知行合一，重於事功，伴隨而來的是越中詩文、書畫、戲曲的興盛。明清易代，有劉宗周等履忠蹈義，慷慨赴死，亦有黄宗羲率其門人，讀書窮經，關注世用，成其梨洲一派。至清中葉，會稽章學誠等人紹承梨洲之學而開浙東史學之新局。晚清至現代，越中知識分子心懷天下，秉持先賢「膽劍精神」，再次站在歷史變革的潮頭，蔡元培、魯迅等人「開拓越學」，使紹興成爲新文化運動和新民主主義革命的重要陣地。越文化兼容並包，與時偕變，勇於創新，隨着中國社會歷史的變遷，無論其内涵和特質發生何種變化，均以其獨特、强盛的生命力，推動了中華文明的發展。

文獻典籍承載着廣博厚重的精神財富、生生不息的歷史文脉。紹興典籍之富，甲於東南，號爲文獻之邦。從兩漢到魏晋再至近現代，紹興人留下了浩如煙海、綿延不斷的文獻典籍。陳橋驛先生在《紹興地方文獻考録·前言》中説：「紹興是我國歷史上地方文獻最豐富的地方之一。」有我國地方志的開山之作《越絶書》，有唯物主義的哲學巨著《論衡》，有書法藝術和文學價值均登峰造極的《蘭亭集序》，有詩爲「中興之冠」的陸游《劍南詩稿》，有輯録陽明心學精義的儒學著作《傳習録》等，這些文獻，不僅對紹興一地具有重要價值，對浙江乃至全國來説，也有深遠意義。

紹興藏書文化源遠流長。歷史上的藏書家多達百位，知名藏書樓不下三十座，其中以澹生堂最爲著名，藏書十萬餘卷。近現代，紹興又首開國内公共圖書館之先河。光緒二十六年（一九〇〇），紹興鄉紳徐樹蘭獨力捐銀三萬餘兩，圖書七萬餘卷，創辦國内首個公共圖書館——古越藏書樓。越中多名士，自也與藏書聚書風氣有關。

習近平總書記强調，「我們要加强考古工作和歷史研究，讓收藏在博物館裏的文物、陳列在廣闊大地上的遺産、書寫在古籍裏的文字都活起來，豐富全社會歷史文化滋養」。黨的十八大以來，黨中央站在實現中華民族偉大復興的高度，對傳承和弘揚中華優秀傳統文化作出一系列重大決策部署。中共中央辦公廳、國務院辦公廳二〇一七年一月印發了《關於實施中華優秀傳統文化傳承發展工程的意見》，二〇二二年四月又印發了《關於推進新時代古籍工作的意見》。

盛世修典，是中華民族的優秀傳統，是國家昌盛的重要象徵。近年來，紹興地方文獻典籍的利用呈現出多層次、多方位探索的局面，從文史界到全社會都在醞釀進一步保護、整理、開發、利用紹興歷史文獻的措施，形成了廣泛共識。中共紹興市委、市政府深入學習貫徹習近平總書記重要指示精神，積極響應國家重大戰略部署，以提振紹興人文氣運的文化自覺和存續一方文脉的歷史擔當，作出了編纂出版《紹興大典》的重大決定，計劃用十年時間，系統、全面、客觀梳理紹興文化傳承脉絡，收集、整理、編纂、出版紹興地方歷史文獻。二〇二二年十月，中共紹興市委辦公室、紹興市人民政府辦公室印發《關於〈紹興大典〉編纂出版工作實施方案的通知》。自此，《紹興大典》編纂出版各項工作開始有序推進。

百餘年前，魯迅先生提出「開拓越學，俾其曼衍，至於無疆」的願景，今天，我們繼先賢之志，實施紹興歷史上前無古人的文化工程，希冀通過《紹興大典》的編纂出版，從浩瀚的紹興典籍中尋找歷史印記，從豐富的紹興文化中挖掘鮮活資源，從悠遠的紹興歷史中把握發展脉絡，古爲今用，繼往開來，爲新時代「文化紹興」建設注入强大動力。我們將懷敬畏之心，以古人「三不朽」的立德修身要求，爲紹興這座中國歷史文化名城和「東亞文化之都」立傳畫像，爲全世界紹興人築就恒久的精神家園。

是爲序。

温暖

二〇二三年十月

前言

越國故地，是中華文明的重要起源地，中華優秀傳統文化的重要貢獻地，中華文獻典籍的重要誕生地。紹興，是越國古都，國務院公布的第一批歷史文化名城。編纂出版《紹興大典》，是綿延中華文獻之大計，弘揚中華文化之良策，傳承中華文明之壯舉。

一

紹興有源遠流長的文明，是中華文明的縮影。

中國有百萬年的人類史，一萬年的文化史，五千多年的文明史。中華文明，是中華民族長期實踐的積累，集體智慧的結晶，不斷發展的産物。各個民族，各個地方，都爲中華文明作出了自己獨具特色的貢獻。紹興人同樣爲中華文明的起源與發展，作出了自己傑出的貢獻。

現代考古發掘表明，早在約十六萬年前，於越先民便已經在今天的紹興大地上繁衍生息。二〇一七年初，在嵊州崇仁安江村蘭山廟附近，出土了於越先民約十六萬年前使用過的打製石器〔一〕。這是曹娥江流域首次發現的舊石器遺存，爲探究這一地區中更新世晚期至晚更新世早期的人類活動、

〔一〕陸瑩等撰《浙江蘭山廟舊石器遺址網紋紅土釋光測年》，《地理學報》英文版，二〇二〇年第九期，第一四三六至一四五〇頁。

華南地區與現代人起源的關係、小黄山遺址的源頭等提供了重要綫索。

距今約一萬至八千年的嵊州小黄山遺址[一]，於二〇〇六年與上山遺址一起，被命名爲上山文化。該遺址中的四個重大發現，引人矚目：一是水稻實物的穀粒印痕遺存，以及儲藏坑、鐮形器、石磨棒、石磨盤等稻米儲存空間與收割、加工工具的遺存；二是種類與器型衆多的夾砂、夾炭、夾灰紅衣陶與黑陶等遺存；三是我國迄今發現的最早的立柱建築遺存，以及石杵立柱遺存；四是我國新石器時代遺址中迄今發現的最早的石雕人首。

蕭山跨湖橋遺址出土的山茶種實，表明於越先民在八千多年前已開始對茶樹及茶的利用與探索[二]。距今約六千年前的餘姚田螺山遺址發現的山茶屬茶樹根遺存，有規則地分布在聚落房屋附近，特别是其中出土了一把與現今茶壺頗爲相似的陶壺，表明那時的於越先民已經在有意識地種茶用茶了[三]。

對美好生活的嚮往無止境，創新便無止境。於越先民在一萬年前燒製出世界上最早的彩陶的基礎上[四]，經過數千年的探索實踐，終於在夏商之際，燒製出了人類歷史上最早的原始瓷[五]；繼而又在東漢時，燒製出了人類歷史上最早的成熟瓷。現代考古發掘表明，漢時越地的窑址，僅曹娥江兩岸的上虞，就多達六十一處[六]。

中國是目前發現早期稻作遺址最多的國家，是世界上最早發現和利用茶樹的國家，更是瓷器的故

〔一〕浙江省文物考古研究所編《上山文化：發現與記述》，文物出版社二〇一六年版，第七一頁。
〔二〕浙江省文物考古研究所、蕭山博物館編《跨湖橋》，文物出版社二〇〇四年版，彩版四五。
〔三〕北京大學中國考古學研究中心、浙江省文物考古研究所編《田螺山遺址自然遺存綜合研究》，文物出版社二〇一一年版，第一一七頁。
〔四〕孫瀚龍、趙曄著《浙江史前陶器》，浙江人民出版社二〇二二年版，第三頁。
〔五〕鄭建華、謝西營、張馨月著《浙江古代青瓷》，浙江人民出版社二〇二二年版，上册，第四頁。
〔六〕宋建明主編《早期越窑——上虞歷史文化的豐碑》，中國書店二〇一四年版，第二四頁。

鄉。《（嘉泰）會稽志》卷十七記載「會稽之産稻之美者，凡五十六種」，稻作文明的進步又直接促成了紹興釀酒業的發展。同卷又單列「日鑄茶」一條，釋曰「日鑄嶺在會稽縣東南五十五里，嶺下有僧寺名資壽，其陽坡名油車，朝暮常有日，産茶絶奇，故謂之日鑄」。可見紹興歷史上物質文明之發達，真可謂「天下無儔」。

二

紹興有博大精深的文化，是中華文化的縮影。

文化是一條源遠流長的河，流過昨天，流到今天，還要流向明天。悠悠萬事若曇花一現，唯有文化與日月同輝。

大量的歷史文獻與遺址古迹表明，四千多年前，大禹與紹興結下了不解之緣。大禹治平天下之水，漸九川，定九州，至於諸夏乂安，《史記·夏本紀》載：「禹會諸侯江南，計功而崩，因葬焉，命曰會稽。會稽者，會計也。」裴駰注引《皇覽》曰：「禹冢在山陰縣會稽山上。會稽山本名苗山，在縣南，去縣七里。」《（嘉泰）會稽志》卷六「大禹陵」：「禹巡守江南，上苗山，會稽諸侯，死而葬焉。……劉向書云：禹葬會稽，不改其列，謂不改林木百物之列也。苗山自禹葬後，更名會稽。是山之東，有隴隱若劍脊，西嚮而下，下有窆石，或云此正葬處。」另外，大禹在以會稽山爲中心的越地，還有一系列重大事迹的記載，包括娶妻塗山、得書宛委、畢功了溪、誅殺防風、禪祭會稽、築治邑室等。

以至越王句踐，「其先禹之苗裔，而夏后帝少康之庶子也，封於會稽，以奉守禹之祀」（《史記·越王句踐世家》）。句踐的功績，集中體現在他一系列的改革舉措以及由此而致的强國大業上。

他創造了「法天象地」這一中國古代都城選址與布局的成功範例，奠定了近一個半世紀越國號稱天下强國的基礎，造就了紹興發展史上的第一個高峰，更實現了東周以來中國東部沿海地區暨長江下游地區的首次一體化，讓人們在數百年的分裂戰亂當中，依稀看到了一統天下的希望，爲後來秦始皇統一中國，建立真正大一統的中央政權，進行了區域性的準備。因此，司馬遷稱：「苗裔句踐，苦身焦思，終滅强吴，北觀兵中國，以尊周室，號稱霸王。句踐可不謂賢哉！蓋有禹之遺烈焉。」

千百年來，紹興涌現出了諸多譽滿海内、雄稱天下的思想家，他們的著述世不絶傳、遺澤至今，他們的思想卓犖英發、光彩奪目。哲學領域，聚諸子之精髓，啓後世之思想。政治領域，以家國之情懷，革社會之弊病。經濟領域，重生民之生業，謀民生之大計。教育領域，育天下之英才，啓時代之新風。史學領域，創史志之新例，傳千年之文脉。

紹興是中國古典詩歌藝術的寶庫。四言詩《候人歌》被稱爲「南音之始」。於越《彈歌》是我國文學史上僅存的二言詩。《越人歌》是越地的第一首情歌、中國的第一首譯詩。山水詩的鼻祖，是上虞人謝靈運。唐代，這裏涌現出了賀知章等三十多位著名詩人。宋元時，這裏出了别開詩歌藝術天地的陸游、王冕、楊維楨。

紹興是中國傳統書法藝術的故鄉。鳥蟲書與《會稽刻石》中的小篆，影響深遠。中國的文字成爲藝術品之習尚，文字由書寫轉向書法，是從越人的鳥蟲書開始的。而自王羲之《蘭亭序》之後，紹興更是成爲中國書法藝術的聖地。翰墨碑刻，代有名家精品。

紹興是中國古代繪畫藝術的重鎮。世界上最早彩陶的燒製，展現了越人的審美情趣。「文身斷髮」與「鳥蟲書」，實現了藝術與生活最原始的結合。戴逵與戴顒父子、僧仲仁、王冕、徐渭、陳洪綬、趙之謙、任熊、任伯年等在中國繪畫史上有開宗立派的地位。

一九一二年一月，魯迅爲紹興《越鐸日報》創刊號所作發刊詞中寫道：「於越故稱無敵於天下，海岳精液，善生俊異，後先絡繹，展其殊才；其民復存大禹卓苦勤勞之風，同句踐堅確慷慨之志，力作治生，綽然足以自理。」可見，紹興自古便是中華文化的重要發源地與傳承地，紹興人更是世代流淌着「卓苦勤勞」「堅確慷慨」的精神血脉。

三

紹興有琳琅滿目的文獻，是中華文獻的縮影。

自有文字以來，文獻典籍便成了人類文明與人類文化的基本載體。紹興地方文獻同樣爲中華文明與中華文化的傳承發展，作出了傑出的貢獻。

中華文明之所以成爲世界上唯一没有中斷、綿延至今、益發輝煌的文明，在於因文字的綿延不絶而致的文獻的源遠流長、浩如煙海。中華文化之所以成爲中華民族有别於世界上其他任何民族的顯著特徵並流傳到今天，靠的是中華兒女一代又一代的言傳身教、口口相傳，更靠的是文獻典籍一代又一代的忠實書寫、守望相傳。

無數的甲骨、簡牘、古籍、拓片等中華文獻，無不昭示着中華文明的光輝燦爛、欣欣向榮，無不昭示着中華文化的廣博淵綜、蒸蒸日上。它們既是中華文明與中華文化的基本載體，又是中華文明與中華文化的重要組成部分，是十分重要的物質文化遺産。

紹興地方文獻作爲中華文獻重要的組成部分，積澱極其豐厚，特色十分明顯。

（一）文獻體系完備

紹興的文獻典籍根基深厚，載體體系完備，大體經歷了四個階段的歷史演變。

一是以刻符、紋樣、器型爲主的史前時代。代表性的，有作爲上山文化的小黄山遺址中出土的彩陶上的刻符、印紋、圖案等。

二是以金石文字爲主的銘刻時代。代表性的，有越國時期玉器與青銅劍上的鳥蟲書等銘文、秦《會稽刻石》、漢「大吉」摩崖、漢魏六朝時的會稽磚甓銘文與會稽青銅鏡銘文等。

三是以雕版印刷爲主的版刻時代。代表性的，有中唐時期越州刊刻的元稹、白居易的詩集。唐長慶四年（八二四），浙東觀察使兼越州刺史元稹，在爲時任杭州刺史的好友白居易《白氏長慶集》所作的序言中寫道：「揚、越間多作書模勒樂天及予雜詩，賣於市肆之中也。」這是有關中國刊印書籍的最早記載之一，説明越地開創了「模勒」這一雕版印刷的風氣之先。宋時，兩浙路茶鹽司等機關和紹興府、紹興府學等，競相刻書，版刻業快速繁榮，紹興成爲兩浙乃至全國的重要刻書地，所刻之書多稱「越本」「越州本」。明代，紹興刊刻呈現出了官書刻印多、鄉賢先哲著作和地方文獻多、私家刻印特色叢書多的特點。清代至民國，紹興整理、刊刻古籍叢書成風，趙之謙、平步青、徐友蘭、章壽康、羅振玉等，均有大量輯刊，蔡元培早年應聘於徐家校書達四年之久。

四是以機器印刷爲主的近代出版時期。這一時期呈現出傳統技術與西方新技術並存、傳統出版物與維新圖强讀物並存的特點。代表性的出版機構，在紹興的有徐友蘭於一八六二年創辦的墨潤堂等。另外，吴隱於一九〇四年參與創辦了西泠印社；紹興人沈知方於一九一二年參與創辦了中華書局，還於一九一七年創辦了世界書局。代表性的期刊，有羅振玉於一八九七年在上海創辦的《農學報》，杜亞泉於一九〇一年在上海創辦的《普通學報》，羅振玉於一九〇一年在上海發起、王國維主筆的《教育世界》，杜亞泉等於一九〇二年在上海編輯的《中外算報》，秋瑾於一九〇七年在上海創辦的《中國女報》等。代表性的報紙，有蔡元培於一九〇三年在上海創辦的《俄事警聞》等。

紹興文獻典籍的這四個演進階段，既相互承接，又各具特色，充分彰顯了走在歷史前列、引領時代潮流的特徵，總體上呈現出了載體越來越多元、内涵越來越豐富、傳播越來越廣泛、對社會生活的影響越來越深遠的歷史趨勢。

（二）藏書聲聞華夏

紹興歷史上刻書多，便爲藏書提供了前提條件，因而藏書也多。大禹曾「登宛委山，發金簡之書，案金簡玉字，得通水之理」（《吴越春秋》卷六），還「巡狩大越，見耆老，納詩書」（《越絶書》卷八），這是紹興有關采集收藏圖書的最早記載。句踐曾修築「石室」藏書，「晝書不倦，晦誦竟旦」（《越絶書》卷十二）。

造紙術與印刷術的發明和推廣，使得書籍可以成批刷印，爲藏書提供了極大便利。王充得益於藏書資料，寫出了不朽的《論衡》。南朝梁時，山陰人孔休源「聚書盈七千卷，手自校治」（《梁書·孔休源傳》），成爲紹興歷史上第一位有明文記載的藏書家。唐代時，越州出現了集刻書、藏書、讀書於一體的書院。五代十國時，南唐會稽人徐鍇精於校勘，雅好藏書，「江南藏書之盛，爲天下冠，鍇力居多」（《南唐書·徐鍇傳》）。

宋代雕版印刷術日趨成熟，爲書籍的化身千百與大規模印製創造了有利條件，也爲藏書提供了更多來源。特別是宋室南渡、越州升爲紹興府後，更是出現了以陸氏、石氏、李氏、諸葛氏等爲代表的藏書世家。陸游曾作《書巢記》，稱「吾室之内，或棲於櫝，或陳於前，或枕藉於床，俯仰四顧，無非書者」。《（嘉泰）會稽志》中專設《藏書》一目，説明了當時藏書之風的盛行。元時，楊維楨「積書數萬卷」（《鐵笛道人自傳》）。

明代藏書業大發展，出現了鈕石溪的世學樓等著名藏書樓。其中影響最大的藏書家族，當數山陰祁氏；影響最大的藏書樓，當數祁承㸁創辦的澹生堂，至其子彪佳時，藏書達三萬多卷。

清代是紹興藏書業的鼎盛時期，有史可稽者凡二十六家，諸如章學誠、李慈銘、陶濬宣等。上虞王望霖建天香樓，藏書萬餘卷，尤以藏書家之墨迹與鈎摹鐫石聞名。徐樹蘭創辦的古越藏書樓，以存古開新爲宗旨，以資人觀覽爲初心，成爲中國近代第一家公共圖書館。

民國時，代表性的紹興藏書家與藏書樓有：羅振玉的大雲書庫、徐維則的初學草堂、蔡元培創辦的養新書藏、王子餘開設的萬卷書樓、魯迅先生讀過書的三味書屋等。

根據二〇一六年完成的古籍普查結果，紹興全市十家公藏單位，共藏有一九一二年以前産生的中國傳統裝幀書籍與民國時期的傳統裝幀書籍三萬九千七百七十七種、二十二萬六千一百二十五册，分别占了浙江省三十三萬七千四百零五種的百分之十一點七九、二百五十萬六千六百三十三册的百分之九點零二。這些館藏的文獻典籍，有不少屬於名人名著，其中包括在别處難得見到的珍稀文獻。這是紹興這個地靈人傑的文獻名邦確實不同凡響的重要見證。

一部紹興的藏書史，其實也是一部紹興人的讀書、用書、著書史。歷史上的紹興，刻書、藏書、讀書、用書、著書，良性循環，互相促進，成爲中國文化史上一道亮麗的風景。

（三）著述豐富多彩

紹興自古以來，論道立説、卓然成家者代見輩出，創意立言、名動天下者繼踵接武，歷朝皆有傳世之作，各代俱見槃槃之著。這些文獻，不僅對紹興一地有重要價值，而且也是浙江文化乃至中國古代文化的重要組成部分。

一是著述之風，遍及各界。越人的創作著述，文學之士自不待言，爲政、從軍、業賈者亦多喜筆耕，屢有不刊之著。甚至於鄉野市井之口頭創作、謡歌俚曲，亦代代敷演，蔚爲大觀，其中更是多有内藴厚重、哲理深刻、色彩斑斕之精品，遠非下里巴人，足稱陽春白雪。

二是著述整理，尤爲重視。越人的著述，包括對越中文獻乃至我國古代文獻的整理。宋孔延之的《會稽掇英總集》，清杜春生的《越中金石記》，近代魯迅的《會稽郡故書雜集》等，都是收輯整理地方文獻的重要成果。陳橋驛所著《紹興地方文獻考録》，是另一種形式的著述整理，其中考録一九四九年前紹興地方文獻一千二百餘種。清代康熙年間，紹興府山陰縣吴楚材、吴調侯叔侄選編的《古文觀止》，自問世以來，一直是古文啓蒙的必備書，也深受古文愛好者的推崇。

三是著述領域，相涉廣泛。越人的著述，涉及諸多領域。其中古代以經、史與諸子百家研核之作爲多，且基本上涵蓋了經、史、子、集的各個分類，近現代以文藝創作爲多，當代則以科學研究論著爲多。這也體現了越中賢傑經世致用、與時俱進的家國情懷。

四

盛世修典，承古啓新，以「紹興」之名，行紹興之實。

紹興這個名字，源自宋高宗的升越州爲府，並冠以年號，時在紹興元年（一一三一）的十月廿六日。這是對這座城市傳統的畫龍點睛。紹興這兩個字合在一起，蘊含的正是承繼前業而壯大之、開創未來而昌興之的意思。數往而知來，今天的紹興人正賦予這座城市、這個名字以新的意蘊，那就是繼承中華優秀傳統文化，建設中華民族現代文明，爲實現中華民族偉大復興，作出自己新的更大的貢獻。

編纂出版《紹興大典》，正是紹興地方黨委、政府文化自信、文化自覺的體現，是集思廣益、精心實施的德政，是承前啓後、繼往開來的偉業。

（一）科學的決策

《紹興大典》的編纂出版，堪稱黨委、政府科學決策的典範。二〇二〇年十二月十一日，中共紹興市委八屆九次全體（擴大）會議審議通過了關於紹興市「十四五」規劃和二〇三五年遠景目標的建議，其中首次提出要啓動《紹興大典》的編纂出版工作。

二〇二一年二月五日，紹興市第八届人民代表大會第六次會議批准了市政府根據市委建議編製的紹興市「十四五」規劃和二〇三五年遠景目標綱要，其中又專門寫到要啓動《紹興大典》的編纂出版工作。二月八日，紹興市人民政府正式印發了這個重要文件。

二〇二二年二月二十八日的中共紹興市第九次代表大會市委工作報告與三月三十日的紹興市九届人大一次會議政府工作報告，均對編纂出版《紹興大典》提出了要求。

二〇二二年九月十五日，紹興市人民政府第十一次常務會議專題聽取了《〈紹興大典〉編纂出版工作實施方案》起草情況的匯報，決定根據討論意見對實施意見進行修改完善後，提交市委常委會議審議。九月十六日，中共紹興市委九届二十次常委會議專題聽取《〈紹興大典〉編纂出版工作實施方案》起草情况的匯報，並進行了討論，決定批准這個方案。十月十日，中共紹興市委辦公室、紹興市人民政府辦公室正式印發了《〈紹興大典〉編纂出版工作實施方案》。

（二）嚴謹的體例

在中共紹興市委、紹興市人民政府研究批准的實施方案中，《紹興大典》編纂出版的各項相關事宜，均得以明確。

一是主要目標。系統、全面、客觀梳理紹興文化傳承脉絡，收集、整理、編纂、研究、出版紹興地方文獻，使《紹興大典》成爲全國鄉邦文獻整理編纂出版的典範和紹興文化史上的豐碑，爲努力打造「文獻保護名邦」「文史研究重鎮」「文化轉化高地」三張紹興文化的金名片作出貢獻。

二是收録範圍。《紹興大典》收録的時間範圍爲：起自先秦時期，迄至一九四九年九月三十日，部分文獻酌情下延。地域範圍爲：今紹興市所轄之區、縣（市），兼及歷史上紹興府所轄之蕭山、餘姚。内容範圍爲：紹興人的著述，域外人士有關紹興的著述，歷史上紹興刻印的古籍善本和紹興收藏的珍稀古籍善本。

三是編纂方法。對所録文獻典籍，按經、史、子、集和叢五部分類方法編纂出版。

根據實施方案明確的時間安排與階段劃分，在具體編纂工作中，采用先易後難、先急後緩，邊編纂出版、邊深入摸底的方法。即先編纂出版情況明瞭、現實急需的典籍，與此同時，對面上的典籍情況進行深入的摸底調查。這樣的方法，既可以用最快的速度出書，以滿足保護之需、利用之需，又可以爲一些難題的破解争取時間；既可以充分發揮我國實力最强的專業古籍出版社中華書局的編輯出版優勢，又可以充分借助與紹興相關的典籍一半以上收藏於我國古代典籍收藏最爲宏富的國家圖書館的優勢。這是最大限度地避免時間與經費上的重複浪費的方法，也是地方文獻編纂出版工作方法上的創新。

另外，還將適時延伸出版《紹興大典·要籍點校叢刊》《紹興大典·文獻研究叢書》《紹興大典·善本影真叢覽》等。

（三）非凡的意義

正如紹興的文獻典籍在中華文獻典籍史上具有重要的影響那樣，編纂出版《紹興大典》的意義，同樣也是非同尋常的。

一是編纂出版《紹興大典》，對於文獻典籍的更好保護——活下來，具有非同尋常的意義。歷史上的文獻典籍，是中華文明歷經滄桑留下的最寶貴的東西。然而，這些瑰寶或因天災人禍，或因自然老化，或因使用過度，或因其他緣故，有不少已經處於岌岌可危甚至奄奄一息的境況。

編纂出版《紹興大典》，可以爲系統修復、深度整理這些珍貴的古籍争取時間；可以最大限度呈現底本的原貌，緩解藏用的矛盾，更好地方便閱讀與研究。這是文獻典籍眼下的當務之急，最好的續命之舉。

二是編纂出版《紹興大典》，對於文獻典籍的更好利用——活起來，具有非同尋常的意義。歷史上的文獻典籍，流傳到今天，實屬不易，殊爲難得。它們雖然大多保存完好，其中不少還是善本，但分散藏於公私，積久塵封，世人難見；也有的已成孤本，或至今未曾刊印，僅有稿本、抄本，秘不示人，無法查閱。

編纂出版《紹興大典》，將穿越千年的文獻、深庋密鎖的秘藏、散落全球的珍寶匯聚起來，化身萬千，走向社會，走近讀者，走進生活，既可防它們失傳之虞，又可使它們嘉惠學林，也可使它們古爲今用，文旅融合，還可使它們延年益壽，推陳出新。這是於文獻典籍利用一本萬利、一舉多得的好事。

三是編纂出版《紹興大典》，對於文獻典籍的更好傳承——活下去，具有非同尋常的意義。歷史上的文獻典籍，能保存至今，是先賢們不惜代價，有的是不惜用生命爲代價换來的。對這些傳承至今的古籍本身，我們應當倍加珍惜。

編纂出版《紹興大典》，正是爲了述録先人的開拓，啓迪來者的奮鬥，使這些珍貴古籍世代相傳，使藴藏在這些珍貴古籍身上的中華優秀傳統文化世代相傳。這是中華文化創造性轉化、創新性發展的通途所在。

編纂出版《紹興大典》，是紹興文化發展史上的曠古偉業。編成後的《紹興大典》，將成爲全國範圍内的同類城市中，第一部收録最爲系統、内容最爲豐贍、品質最爲上乘的地方文獻集成。

紹興這個地方，古往今來，都在不懈超越。超乎尋常，追求卓越。超越自我，超越歷史。《紹興大典》的編纂出版，無疑會是紹興文化發展史上的又一次超越。

道阻且長，行則將至；行而不輟，成功可期。「後之視今，亦猶今之視昔」；「後之覽者，亦將有感於斯文」（《蘭亭集序》）。讓我們一起努力吧！

馮建榮

二〇二三年六月十日，星期六，成稿於寓所

二〇二三年中秋、國慶假期，校改於寓所

編纂説明

紹興古稱會稽，歷史悠久。

大禹治水，畢功了溪，計功今紹興城南之茅山（苗山），崩後葬此，此山始稱會稽，此地因名會稽，距今四千多年。

大禹第六代孫夏后少康封庶子無餘於會稽，以奉禹祀，號曰「於越」，此爲吾越得國之始。《竹書紀年》載，成王二十四年，於越來賓。是亦此地史載之始。

距今兩千五百多年，越王句踐遷都築城於會稽山之北（今紹興老城區），是爲紹興建城之始，於今城不移址，海内罕有。

秦始皇滅六國，御海内，立郡縣，成定制。是地屬會稽郡，郡治爲吴縣，所轄大率吴越故地。東漢順帝永建四年（一二九），析浙江之北諸縣置吴郡，是爲吴越分治之始。會稽名仍其舊，郡治遷山陰。由隋至唐，會稽改稱越州，時有反復，至中唐後，「越州」遂爲定稱而至於宋。所轄時有增減，至五代後梁開平二年（九〇八），吴越析剡東十三鄉置新昌縣，自此，越州長期穩定轄領會稽、山陰、蕭山、諸暨、餘姚、上虞、嵊縣、新昌八邑。

建炎四年（一一三〇），宋高宗趙構駐蹕越州，取「紹奕世之宏庥，興百年之丕緒」之意，下詔從建炎五年正月改元紹興。紹興元年（一一三一）十月己丑升越州爲紹興府，斯地乃名紹興，沿用至今。

歷史的悠久，造就了紹興文化的發達。數千年來文化的發展、沉澱，又給紹興留下了燦爛的文化載體——鄉邦文獻。保存至今的紹興歷史文獻，有方志著作、家族史料、雜史輿圖、文人筆記、先賢文集、醫卜星相、碑刻墓誌、摩崖遺存、地名方言、檔案文書等不下三千種，可以説，凡有所録，應有盡有。這些文獻從不同角度記載了紹興的山川地理、風土人情、經濟發展、人物傳記、著述藝文等各個方面，成爲人們瞭解歷史、傳承文明、教育後人、建設社會的重要參考資料，其中許多著作不僅對紹興本地有重要價值，也是江浙文化乃至中華古代文化的重要組成部分。

紹興歷代文人對地方文獻的探尋、收集、整理、刊印等都非常重視，並作出過不朽的貢獻，陳橋驛先生就是代表性人物。正是在他的大力呼籲下，時任紹興縣政府主要領導作出了編纂出版《紹興叢書》的決策，爲今日《紹興大典》的編纂出版積累了經驗，奠定了基礎。

時至今日，爲貫徹落實習近平總書記系列重要講話精神，奮力打造新時代文化文明高地，重輝「文獻名邦」，中共紹興市委、市政府毅然作出編纂出版《紹興大典》的決策部署。延請全國著名學者樓宇烈、袁行霈、安平秋、葛劍雄、吴格、李岩、熊遠明、張志清諸先生參酌把關，與收藏紹興典籍最豐富的國家圖書館等各大圖書館以及專業古籍出版社中華書局展開深度合作，成立專門班子，精心規劃組織，扎實付諸實施。《紹興大典》是地方文獻的集大成之作，出版形式以紙質書籍爲主，同步開發建設數據庫。其基本内容，包括以下三方面：

一、《紹興大典》影印精裝本文獻大全。這方面内容囊括一九四九年前的紹興歷史文獻，收録的原則是「全而優」，也就是文獻求全收録；同一文獻比對版本優劣，收優斥劣。同時特別注重珍稀性、孤罕性、史料性。

《紹興大典》影印精裝本收録範圍：

時間範圍：起自先秦時期，迄至一九四九年九月三十日，部分文獻可酌情下延。

地域範圍：今紹興市所轄之區、縣（市），兼及歷史上紹興府所轄之蕭山、餘姚。

内容範圍：紹興人（本籍與寄籍紹興的人士、寄籍外地的紹籍人士）撰寫的著作，非紹興籍人士撰寫的與紹興相關的著作，歷史上紹興刻印的古籍珍本和紹興收藏的古籍珍本。

《紹興大典》影印精裝本編纂體例，以經、史、子、集、叢五部分類的方法，對收録範圍内的文獻，進行開放式收録，分類編輯，影印出版。五部之下，不分子目。

經部：主要收録經學（含小學）原創著作；經校勘校訂，校注校釋，疏、證、箋、解、章句等的經學名著；爲紹籍經學家所著經學著作而撰的著作，等等。

史部：主要收録紹興地方歷史書籍，重點是府縣志、家史、雜史等三個方面的歷史著作。

子部：主要收録專業類書，比如農學類、書畫類、醫卜星相類、儒釋道宗教類、陰陽五行類、傳奇類、小説類，等等。

集部：主要收録詩賦文詞曲總集、別集、專集，詩律詞譜，詩話詞話，南北曲韻，文論文評，等等。

叢部：主要收録不入以上四部的歷史文獻遺珍、歷史文物和歷史遺址圖録彙總、戲劇曲藝脚本、報章雜志、音像資料等。不收傳統叢部之文叢、彙編之類。

《紹興大典》影印精裝本在收録、整理、編纂出版上述文獻的基礎上，同時進行書目提要的撰寫，並細編索引，以起到提要鈎沉、方便實用的作用。

二、《紹興大典》點校研究及珍本彙編。主要是《紹興大典》影印精裝本的延伸項目，形成三個成果，即《紹興大典·要籍點校叢刊》《紹興大典·文獻研究叢書》《紹興大典·善本影真叢覽》三叢。選取影印出版文獻中的要籍，組織專家分專題開展點校等工作，排印出版《紹興大典·要籍點校叢刊》；及時向社會公布推出出版文獻書目，開展《紹興大典》收録文獻研究，分階段出版研究成果《紹興大典·文獻研究叢書》；選取品相完好、特色明顯、内容有益的優秀文獻，原版原樣綫裝影印出版《紹興大典·善本影真叢覽》。

三、《紹興大典》文獻數據庫。以《紹興大典》影印精裝本和《紹興大典·要籍點校叢刊》《紹興大典·文獻研究叢書》《紹興大典·善本影真叢覽》三叢爲基幹構建。同時收録大典編纂過程中所涉其他相關資料，未用之版本，書佚目存之書目等，動態推進。

《紹興大典》編纂完成後，應該是一部體系完善、分類合理、全優兼顧、提要鮮明、檢索方便的大型文獻集成，必將成爲地方文獻編纂的新範例，同時助力紹興打造完成「歷史文獻保護名邦」「地方文史研究重鎮」「區域文化轉化高地」三張文化金名片。

《紹興大典》在中共紹興市委、市政府領導下組成編纂工作指導委員會，組織實施並保障大典工程的順利推進，同時組成由紹興市爲主導、國家圖書館和中華書局爲主要骨幹力量、各地專家學者和圖書館人員爲輔助力量的編纂委員會，負責具體的編纂工作。

《紹興大典》編纂委員會
二〇二三年五月

史部編纂説明

紹興自古重視歷史記載，在現存數千種紹興歷史文獻中，史部著作占有極爲重要的位置。因其內容豐富、體裁多樣、官民兼撰的特點，成爲《紹興大典》五大部類之一，而別類專纂，彙簡成編。

按《紹興大典·編纂説明》規定：「以經、史、子、集、叢五部分類的方法，對收録範圍內的文獻，進行開放式收録，分類編輯，影印出版。五部之下，不分子目。」「史部：主要收録紹興地方歷史書籍，重點是府縣志、家史、雜史等三個方面的歷史著作。」

紹興素爲方志之鄉，纂修方志的歷史較爲悠久。據陳橋驛《紹興地方文獻考録》（浙江人民出版社，一九八三年版）統計，僅紹興地區方志類文獻就「多達一百四十餘種，目前尚存近一半」。在最近三十多年中，紹興又發現了不少歷史文獻，堪稱卷帙浩繁。

據《紹興大典》編纂委員會多方調查掌握的信息，府縣之中，既有最早的府志——南宋二志（《（嘉泰）會稽志》和《（寶慶）會稽續志》），也有最早的縣志——宋嘉定《剡録》；既有耳熟能詳的《（萬曆）紹興府志》，也有海內孤本《（嘉靖）山陰縣志》；更有寥若晨星的《永樂大典》本《紹興府志》，等等。存世的紹興府縣志，明代纂修並存世的萬曆爲最多，清代纂修並存世的康熙爲最多。

家史資料是地方志的重要補充，紹興地區家史資料豐富，《紹興家譜總目提要》共收録紹興相關家譜資料三千六百七十九條，涉及一百七十七個姓氏。據二〇〇六年《紹興叢書》編委會對上海圖書館藏紹興文獻的調查，上海圖書館館藏的紹興家史譜牒資料有三百多種，據紹興圖書館最近提供的信息，其館藏譜牒資料有二百五十多種，一千三百七十八册。紹興人文薈萃，歷來重視繼承弘揚耕讀傳統，家族中尤以登科進仕者爲榮，每見累世科甲、甲第連雲之家族，如諸暨花亭五桂堂黄氏、山陰狀元坊張氏，等等。家族中每有中式，必進祠堂，祭祖宗，禮神祇，乃至重纂家乘。因此纂修家譜之風頗盛，聯宗聯譜，聲氣相通，呼應相求，以期相將相扶，百世其昌，因此留下了浩如煙海、簡册連編的家史譜牒資料。家史資料入典，將遵循「姓氏求全，譜目求全，譜牒求優」的原則遴選。

雜史部分是紹興歷史文獻中内容最豐富、形式最多樣、撰者最衆多、價值極珍貴的部分。記載的内容無比豐富，撰寫的體裁多種多樣，留存的形式面目各異。其中私修地方史著作，以東漢袁康、吴平所輯的《越絶書》及稍後趙曄的《吴越春秋》最具代表性，是紹興現存最早較爲系統完整的史著。

雜史部分的歷史文獻，有非官修的專業志、地方小志，如《三江所志》《倉帝廟志》《螭陽志》等；有以韻文形式撰寫的如《山居賦》《會稽三賦》等；有碑刻史料如《會稽刻石》《龍瑞宫刻石》等；有詩文游記如《沃洲雜詠》等；有珍貴的檔案史料如《明浙江紹興府諸暨縣魚鱗册》等；有名人日記如《祁忠敏公日記》《越缦堂日記》等；有綜合性的歷史著作如海内外孤本《越中雜識》等；也有鉤沉稽古的如《虞志稽遺》等。既有《救荒全書》《欽定浙江賦役全書》這樣專業的經濟史料，也有《越中八景圖》這樣的圖繪史料等。舉凡經濟、人物、教育、方言風物、名人日記等，應有盡有，不勝枚舉。尤以地理爲著，諸如山川風物、名勝古迹、水利關津、衛所武備、天文医卜等，莫不悉備。

這些歷史文獻，有的是官刻，有的是坊刻，有的是家刻。有特別珍貴的稿本、鈔本、寫本，也有珍稀孤罕首次面世的史料。由於《紹興大典》的編纂出版，這些文獻得以呈現在世人面前，俾世人充分深入地瞭解紹興豐富多彩的歷史文化。受編纂者學識見聞以及客觀條件之限制，難免有疏漏錯訛之處，祈望方家教正。

《紹興大典》編纂委員會
二〇二三年五月

乾隆餘姚志 四十卷

〔清〕唐若瀛纂修
乾隆四十三年（一七七八）修
乾隆四十六年（一七八一）刻本

影印説明

《（乾隆）餘姚志》四十卷，清唐若瀛纂修，乾隆四十三年（一七七八）修，乾隆四十六年（一七八一）刻本。書前有秦廷堃、唐若瀛、李汝麟序，又有唐若瀛所撰凡例及同修姓氏。半葉十行行二十一字，小字雙行同，白口，單魚尾，左右雙邊，有圖。原書版框尺寸高19.5釐米，寬14.2釐米。本志書之修纂編目，强調原委井然，且於聯合之中，存區別之體。其中，四十卷之列傳爲舊志分門類之人物，綜傳者生平，至於名宦，則止詳其治跡，以別正史。

唐若瀛，陝西三原人。任餘姚縣令，稱餘姚「爲文獻名邦，藏書家多蓄異本，嗜古者殫見洽聞」。主持修纂餘姚縣志，「念前志之未備，精心搜討，補闕訂訛」，「分採訪册於都人士，……往復商榷，……不假手他人，惟以修志爲事」。

此次影印，以上海圖書館藏本爲底本。另據《中國地方志聯合目録》，國家圖書館、浙江圖書館、天一閣等機構亦有收藏。

餘姚志

餘姚舊有志康熙閒知縣康君修之去今且八十年矣三原唐君来尹茲土期秊政成力思進治於古勤仰前良用策厥典爰考舊志闕焉無徵則喟然曰此守土者之職志也不即不圖其

奚以彰信於後于是博采遐搜增新訂舊改定體例釐為五門曰考曰略曰表曰列傳曰録其各門所不能備者件繫之曰叢談凡四十卷其文直其事核世之作志者蓋未之能先也書既

成屬余序其簡端余惟餘姚南連四明岧岫盤亘北距大海茫洋澶漫渺與天際實古越之巖邑也明代屢苦倭寇登犯增置新城以爲防禦而衛所諸戍分屯扼險居民粗獲安堵貞元之

世蘗牙其間宅幽阻深府亂鍾
禍雖孫徐之流毒不酷于此矣
白我
朝暢以德威漸吕釀化涵濡百數十
年于是陳烽故壘刻削消磨蕩
爲夷庚生其地者農服先疇士

食舊德遊大同之治而不知所
以爲之者通志所稱務本不爭
多至百歲往來阡陌間熙熙如
無懷葛天氏之民者乃今更復
見之嗚呼何其幸也顧念運際
休明

聖人繼世海隅蒼生固宜罔不率俾
矣至于承流宣化遞而致之民
則必因時宜俗以適于治而後
無乖奉行稱
上德意是非親民之令莫與同功也
故一令賢則一邑治天下之令

皆賢則天下治姚誠一邑耳迄今衣冠禮樂之盛炳焉與古鄒魯同風其來詎無所自則凡典章之沿變風俗之轉移

國家之厚澤深仁賢有司之良法美意使不及時輯錄日就蕪沒

後有作者典籍散落傳聞迷謬臆決濫登分離乖隔貽誤後人為害滋大故志乘一書賢令之所重也雖然志慮短淺日營營於刀筆筐篋之間者力有不暇暇矣又以非先務之急棄而不

爲即間有為之者學不副此苟
且掇拾盖之蕪穢取譏後世故
往々難之然則姚志之修非唐
君不肯為亦非唐君不能為唐
君其庶幾令之賢令歟余之涖
越在丁酉與唐君先後間志成

於戊戌三月未幾而唐君以課
最移令錢唐去其治錢唐猶治
姚也明年庚子
天子春巡江浙省方問俗而黜陟之
典行旌賢擢能唐君其自此遠
矣顧唐君之于姚故未邑之桐

鄉也則是志之傳豈僅與武功朝邑爭不朽之名于著述云爾哉旹

大清乾隆四十四年歲次己亥秋七月穀旦

誥授朝議大夫知浙江紹興府事加

五級北平秦廷埜序

餘姚志序

餘姚漢舊縣，枹四明而臨渤海，土厚俗醇，懋產人物先後蔚興，爲浙東望邑。余自丙申莅任，欲考其圖經，求布治之要務與夫耆舊之傳、先正之遺文，以徵余平日所聞見，而故牒闕如，流傳互異，蓋縣志之不修者八十年於茲矣。宋儒有言，修志之難同

於作史直筆公心兼長斯善又謂因時更變與俗推移當及時修志以爲治譜然則修志固宜得其人而新舊相乘尤不容逾時而不舉恭遇

聖朝文治光昌圖書大備令長奉

上憲教誨肅清吏治期于善俗而興賢縣志之修宜在今日余少讀武功志歎其簡

而有法及遊宦浙中求宋人舊乘若會稽赤城諸志俱條例謹嚴裁制精審益以知古人著作之流貽非苟然也夫才不逮古人而鋪陳排比徒尚浮華何益于治事以徵信爲難詞以立誠爲本好古善述前事可師與其採諸空言不如求其實證況餘姚爲文獻名邦藏書家多蓄異本嗜古者

殫見洽聞堪資諏詢何患文獻之不足徵哉予自下車即取史傳及省郡之志與舊志互相考覈苦行篋之寡書也則假諸邑中藏書家慮一人之見聞狹隘也則分採訪冊于都人士繼又設局于儒學余時至與賢士大夫往復商榷以論定其是非簿書之餘舟車之暇不假手他人惟以修志

爲事閱一年有餘而始克成書雖不敢自信爲完善而備稽考之資杜冒濫之弊亦可共信于邑人矣至于圖經之辨證政治之總要人物之合爲列傳暨遺聞軼事之附載者别爲凡例以明纂輯之意焉

大清乾隆四十三年三月知餘姚縣事三原唐若瀛一峯氏撰

序

自漢書創地理志與紀表傳分列厥後元和郡縣十道圖志新舊九域志俱兼綜方夏卷帙綦繁其專志一郡一縣者自祥符圖經始杜君卿有言志書之體在辨區域徵因革知要害察風土而南軒論脩志不可不載人物典型繫焉世教補焉此立言之體要撰述者所宜知也餘姚古勾餘地襟江帶海為越州巨鎮距會城三百十里而近山水之靈奧雄秀載在圖牒其地宜

杭秫木棉士好學敦尚氣節見于後漢書三國志新舊唐書者炳如星日所謂東南之美非特竹箭不加纂輯其昌以備掌故而示来茲余于著雍閹茂之涂月由太平調任茲邑前令唐君一峰脩志之役適告竣唐君涖治三年廢者以脩墜者以舉慨然念前志之未備精心搜討補闕訂訛發凡起例門别廿五卷盈四十美哉秩秩乎體裁整密遠不遺近不濫若宋景文所云事增於前而文減于昔者斯志足以當之矣余

不敏繼唐君後夙夜敬慎時以忝職為懼語云前事不忘後事之師也成書具在宰斯邑者不用旁詢掾史于以廣見聞備勸戒一展卷得其大略其為益豈淺尠歟夫餘姚舊無邑志太倉顧存仁知縣事剏有草本後則金韶嗣成之康如璉續脩之考餘姚命名之義太平寰宇記所引據最為近古故王銍稱餘姚習俗有古舜遺風

聖天子軫念民依庚子之春

鑾輅時巡五臨三浙斯民涵濡於
德化者日益深休養生息以蕃以育熙皥成象嬉美
有虞以是編登風俗之書余深幸適覩厥成而
因以識唐君謨述之得體要也謹拜手而為之
序
乾隆四十六年春正月餘姚令山陽李汝麟書
於邑署之蓬萊閣

餘姚志凡例

志書之體仿於郡邑之有圖經專詳地理如三輔黃圖太康地記之類是也故宋以前地志未嘗兼及於宦蹟其綜櫓時務爲出治之本者則有元和會計簿縣務綱目諸書若表彰前哲則陳留人物傳汝南先賢傳爲史傳所采擇至博訪遐搜詞足以廣見聞義足以備勸戒者江漢遺聞錢塘遺事其著也要皆自爲一書不相淆溷後代志書不深惟古人述作之源流牽合編排取悅俗目其爲言也猥而瑣其爲體也雜而無章偶有增修亦徒具故事而已夫積習生常難以驟變合數書之體

以成書當使原委井然於聯合之中存區別之體首載圖經次詳經濟次序人物次及掌故層累相因務使同條而共貫考宋人舊志體例實爲一定之序非敢矜言別裁分星辨土有建設而縣始立故首以建置考置縣而定都里形勝所屬郵傳所經縣境之大綱也故次以疆里考錯見於都里間者爲山川原大易設險之義考古今命名之殊故次以山川考川澤閘阻人力所通故次以津梁考山水清懷橋梁勝地存芳蹟於曩昔發懷古之深情故次以古蹟考此圖經之梗概也由古証今牆隍爲重故城池畧次之嚴城既設署以定位布治滋

民故衙署畧次之衛民之要在資生餘姚水鄉無湖水
是無禾也無海塘是無棉也設官牧民之要莫大乎是
故湖陂畧次之湖陂治則庶物登矣故物產次之任土
作貢正供有常故田賦畧次之天道不能有豐而無歉
故災祥畧次之富多賴而凶多暴習俗因乎時運故風
俗畧次之風俗有醇疵端賴乎教故學校畧次之常祀
載在命典領於膠庠故祠祀畧次之古今涖治存其題
名故職官畧次之官治遺澤久而謳思見樹立之殊存
風教之厚故名宦畧次之謂之畧者仿通志之諸畧從
今以溯古所謂言其大畧潤澤在人也用治之本備乎

此矣興治以育賢故次以選舉表不愧科名期於功德言之不朽故次以列傳內行所重闡幽彰隱故次以列女傳山水之交名流託止徽範猶存故次以寓賢傳存一邑之人物流風餘韻俾後來知興起焉其次爲經籍錄重鄉賢之撰著也次爲藝文錄皆名賢投贈之作與題咏之無可附麗者廣會稽掇英錄之體也次爲墳墓錄仿宋史志地理門之兼載塚墓考也次爲廟觀錄異教所居祗備遊觀之資而僊釋附見焉次爲叢談錄各門所不能備者詳述條繫是在多聞而善擇也皆掌故之資也

難者曰舊志人物分門類今併爲列傳可乎應之曰正史不當多設名目姑勿深論修一縣之志而遽列某爲名臣某爲文苑某爲儒林其可爲定論哉存其人之可傳者不加揚搉是未入舊志之例也然則門類不分得毋有濫入乎曰傳末載所據之書則倖端塞矣列傳引書始於潛說友而朱彝尊日下舊聞鄭元慶禾錄皆用其例此地志之所當法也采錄及於前賢文集得毋有愛憎之私乎曰九品論人不以前賢爲據而誰據哉況舊志孫楙年傳用陸游渭南集王嘉閭傳用戴良九靈集特未詳其書名耳固不始於今日也然則名宦何以

不稱傳曰傳者綜其生平名宦則止詳其治蹟若舊志載孫統劉杳止舉一端非史家傳體也且典章散佚宋以前制度舊志多不詳敘存其舊章所謂畧也廟觀何以列於後曰陸清獻靈壽志嘗不載梵字矣今仿洛陽伽藍記綴於簡後微寓闢別之意云

知餘姚縣事唐若瀛著

同修姓氏

參訂

儒學教諭鄧守仁復齋錢塘人

儒學訓導汪師曾眘堂秀水人

協纂

原任廣西上思州知州施毓暉揚華以下俱本邑人

翰林院編修邵晉涵嶼桐

校勘

徐　均大山

張廷枚唯吉

沈元勲補山

董事

朱 應錦揚

邵佳鋐藉安

張 德大昭

邵陛陛梅林

洪 燿鑑公

翁會㸃書莊

以上俱係具呈首事姓名尚有採訪多人不及

備載

餘姚志總目

叢談

重修餘姚志圖

一縣境　一雙城
一縣署　一儒學
一龍泉山　一四明山
一客星山　一歷山

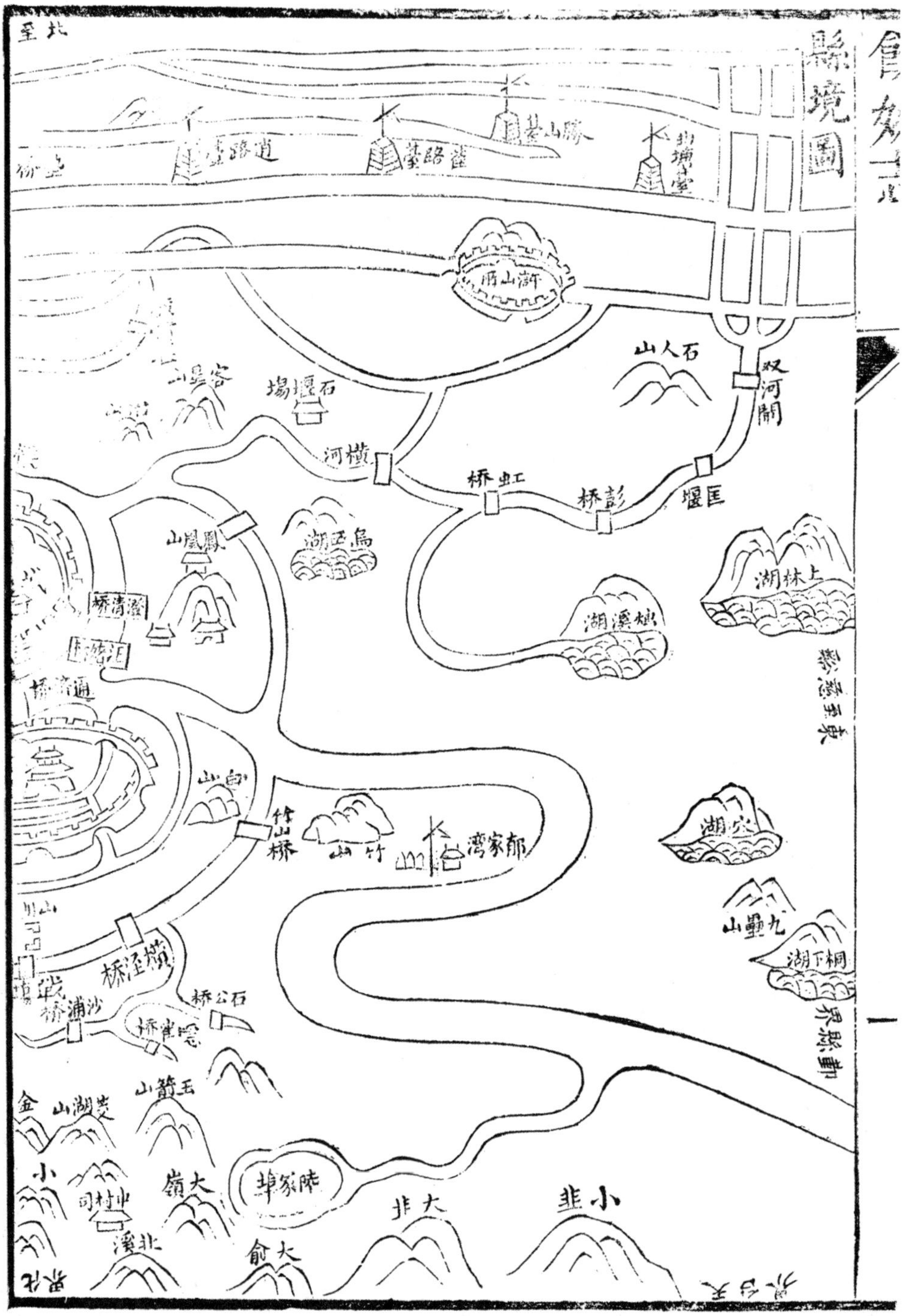
北至
縣境圖
石人山
双河閘
橫河
虹桥
彭桥
匡堰
石堰場
鳳凰山
烏石湖
上林湖
白山
竹山
郁家湾
九壘山
桐下湖
横泾桥
沙浦桥
石公桥
玉笋山
大嶺
陸家埠
大非
小非
大俞
北溪

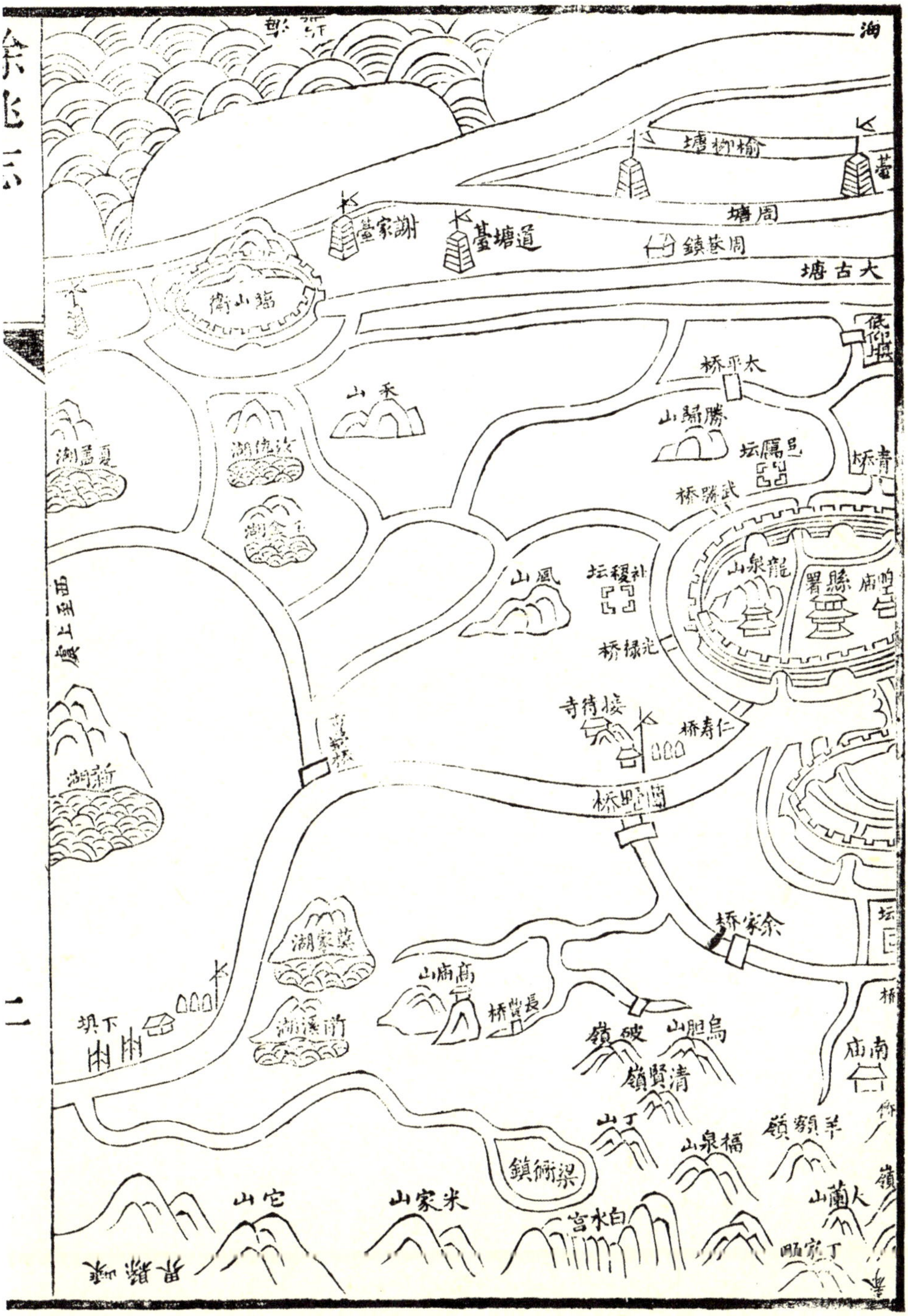
海
榆柳塘
周塘
謝家臺
道塘臺
周巷鎮
大古塘
臨山衛
太平橋
勝歸山
邑厲壇
武勝橋
龍泉山
縣署
社稷壇
風山
接待寺
仁壽橋
余家橋
蔡家湖
前溪湖
高廟山
長豐橋
烏膽山
破嶺
清賢嶺
南廟
下壩
丁山
福泉山
羊額嶺
梁衕鎮
它山
米家山
白水宫
二

餘姚志 二

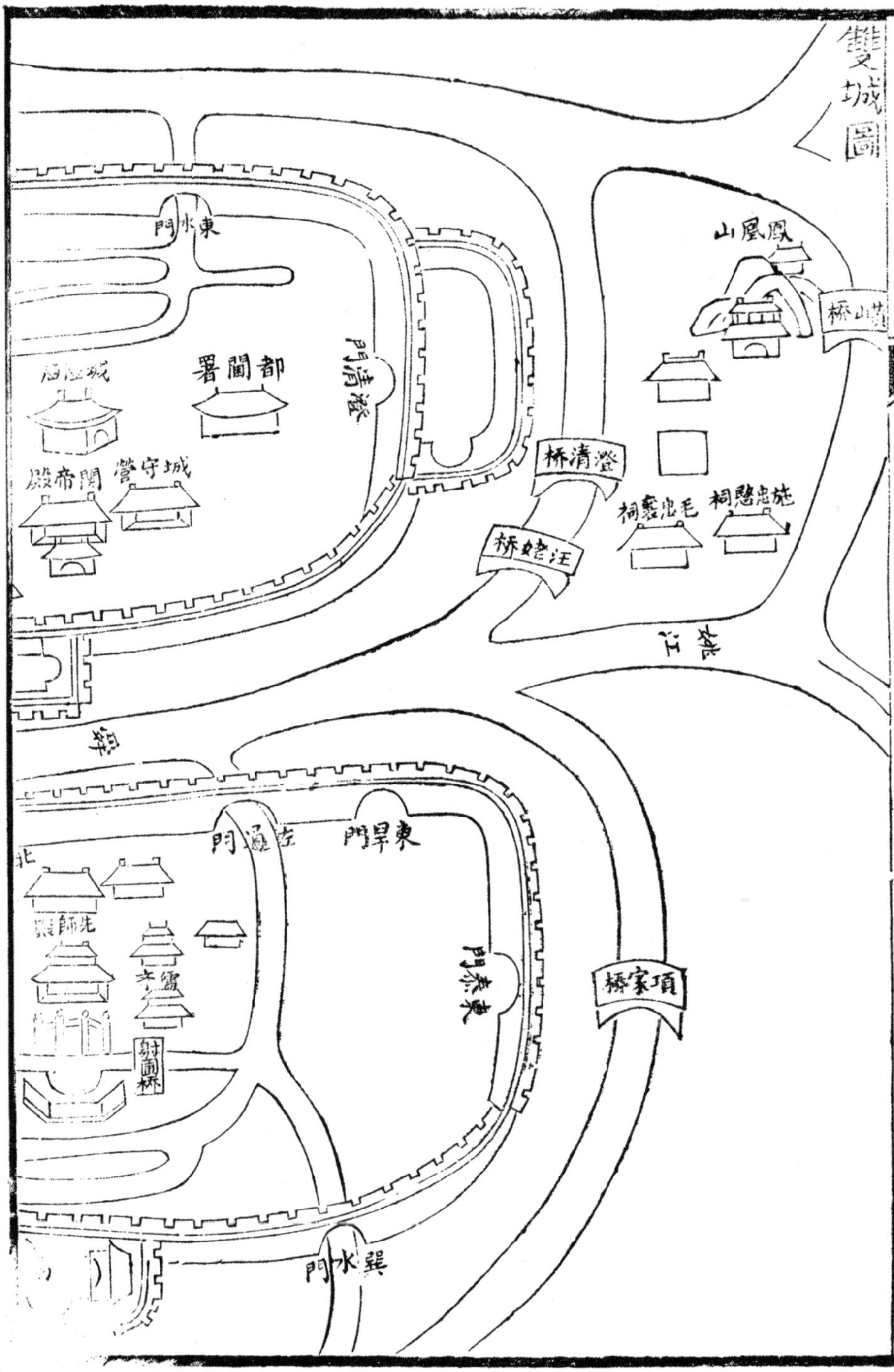
雙城圖
鳳凰山
東水門
都閫署
澄清門
城隍廟
關帝殿
城守營
澄清橋
汪姥橋
施忠愍祠
毛忠襄祠
姚江
北
通濟門
東旱門
先師殿
東泰門
項家橋
射圃橋
巽水門

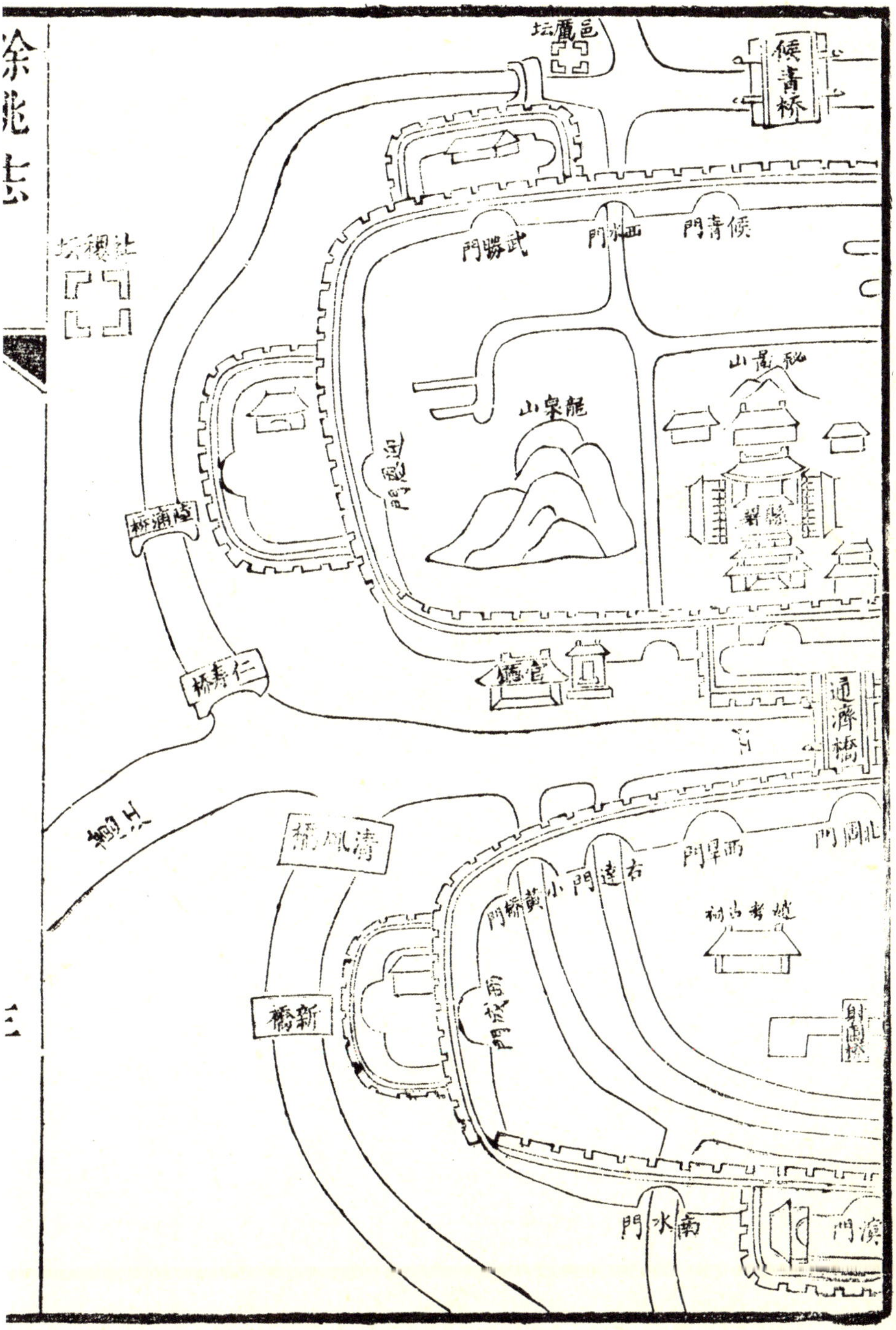
邑厲壇
候青橋
社稷壇
武勝門
西水門
候青門
秘圖山
龍泉山
陸通橋
仁壽橋
官廳
通濟橋
清風橋
新橋
西旱門
右達門
小門
黃橋門
南水門

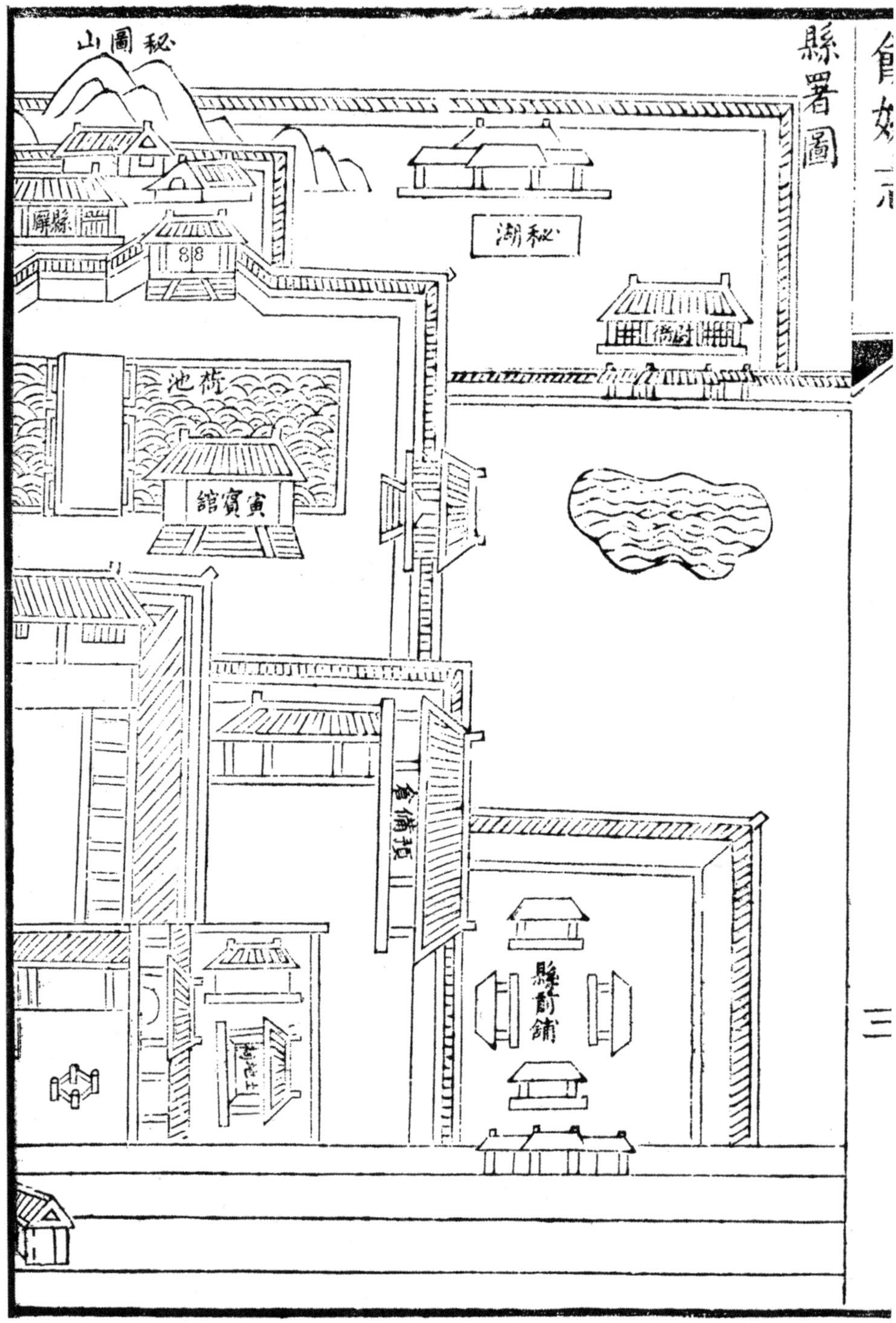
縣署圖
秘圖山
縣廨
秘湖
尉衙
荷池
賓館
預備倉
縣前鋪
土地祠
三

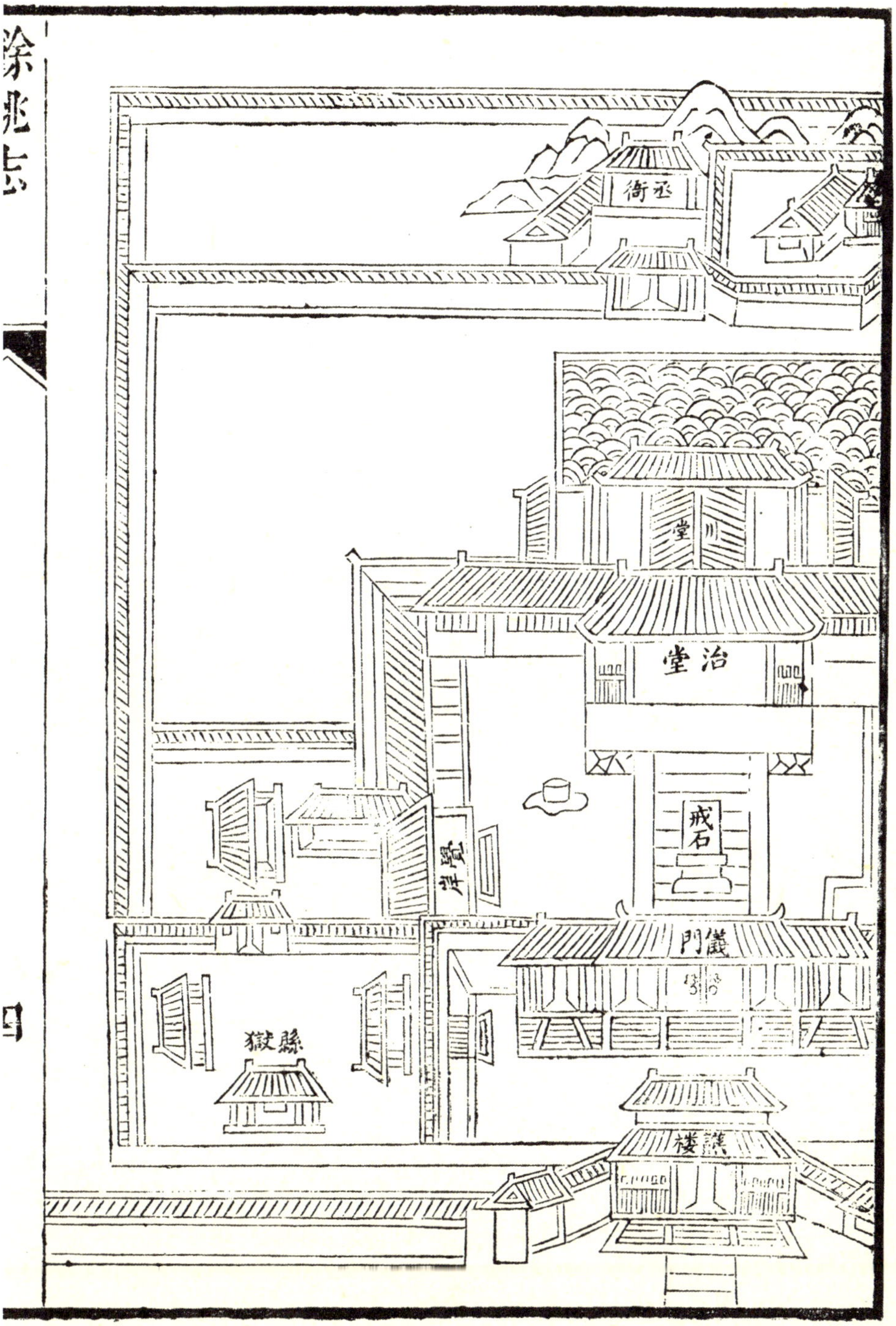
丞衙
堂
治堂
覺岸
戒石
儀門
縣獄
譙樓

儒學圖

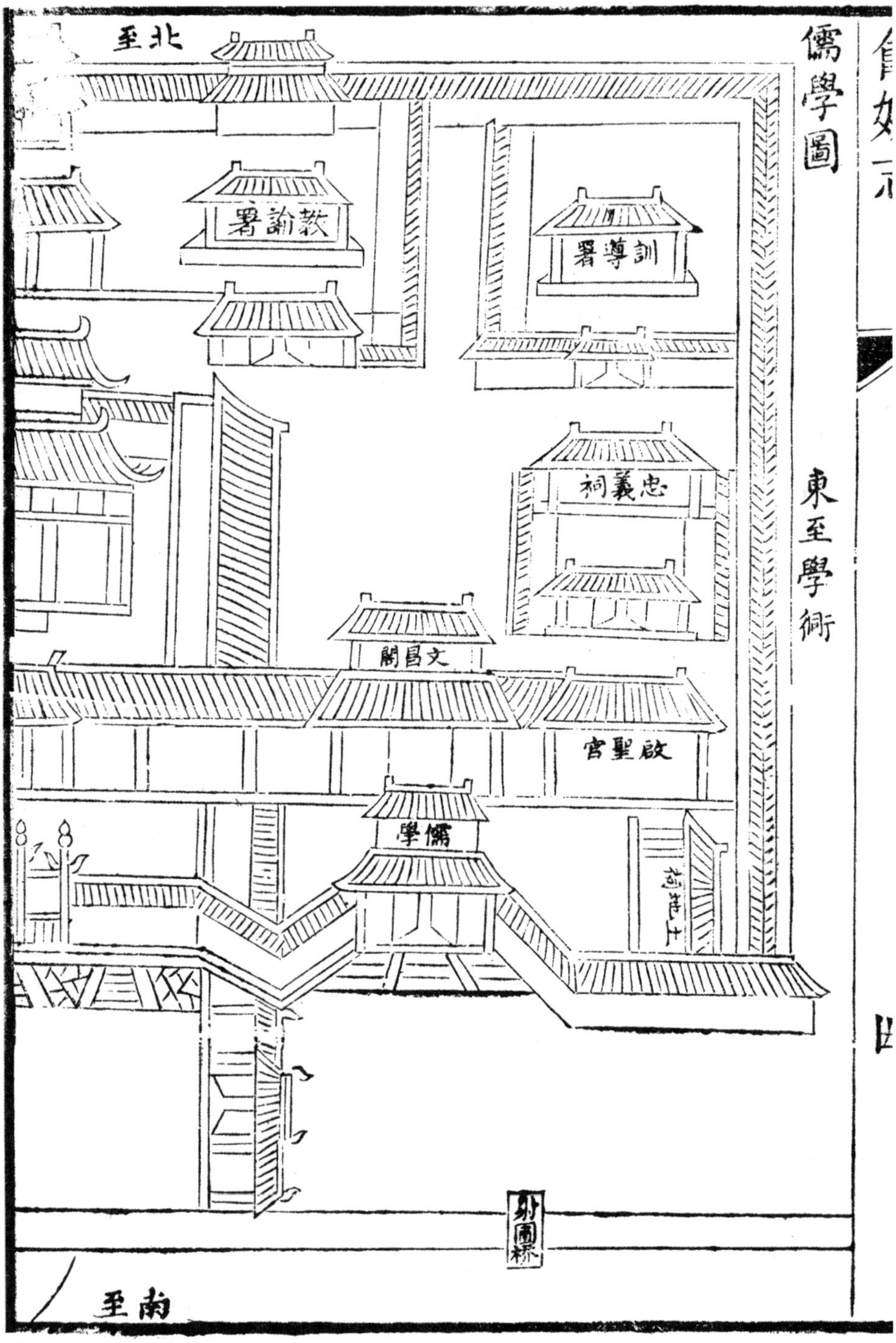

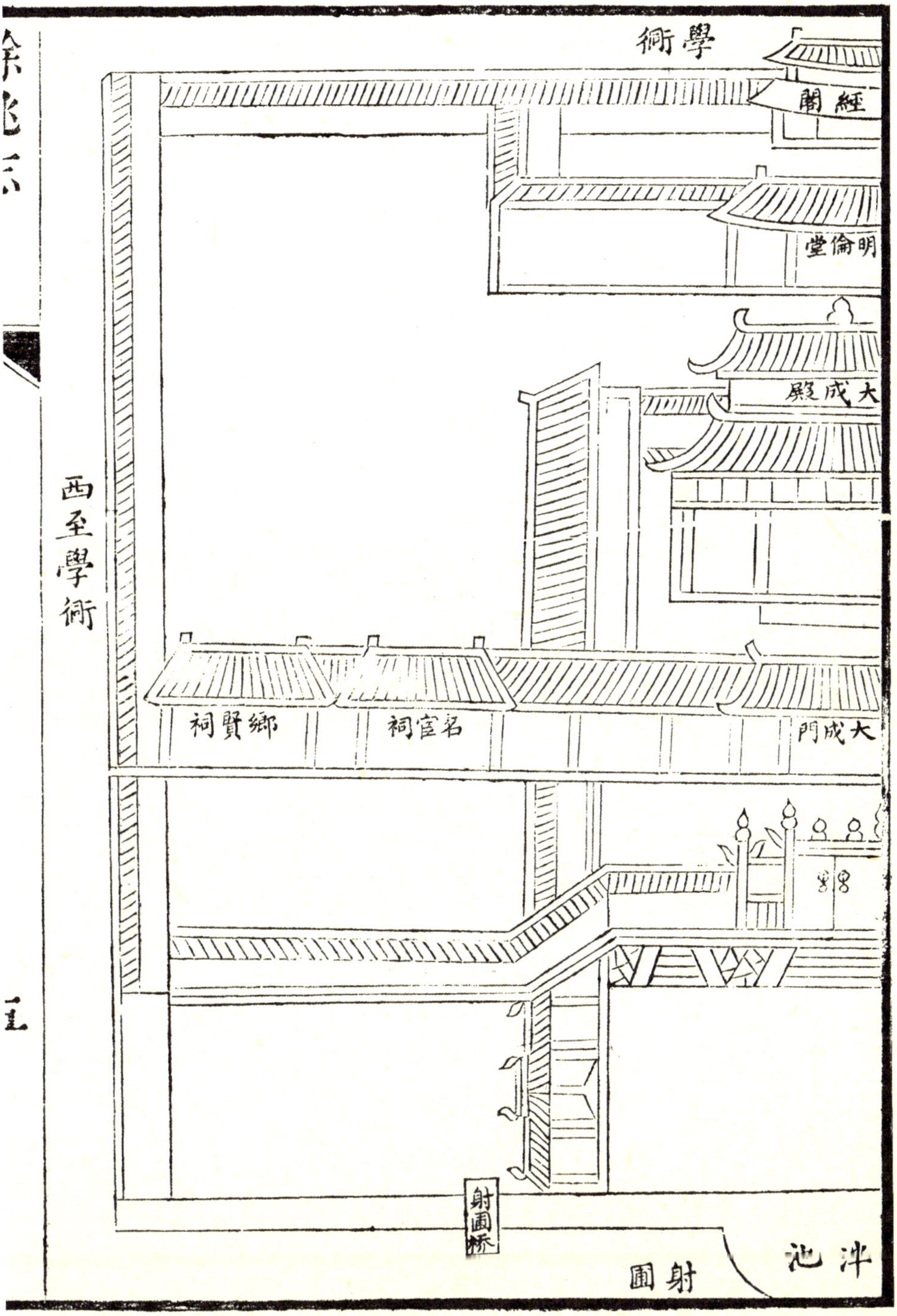

學衕
經閣
明倫堂
大成殿
西至學衕
鄉賢祠
名宦祠
大成門
射圃橋
泮池
射圃

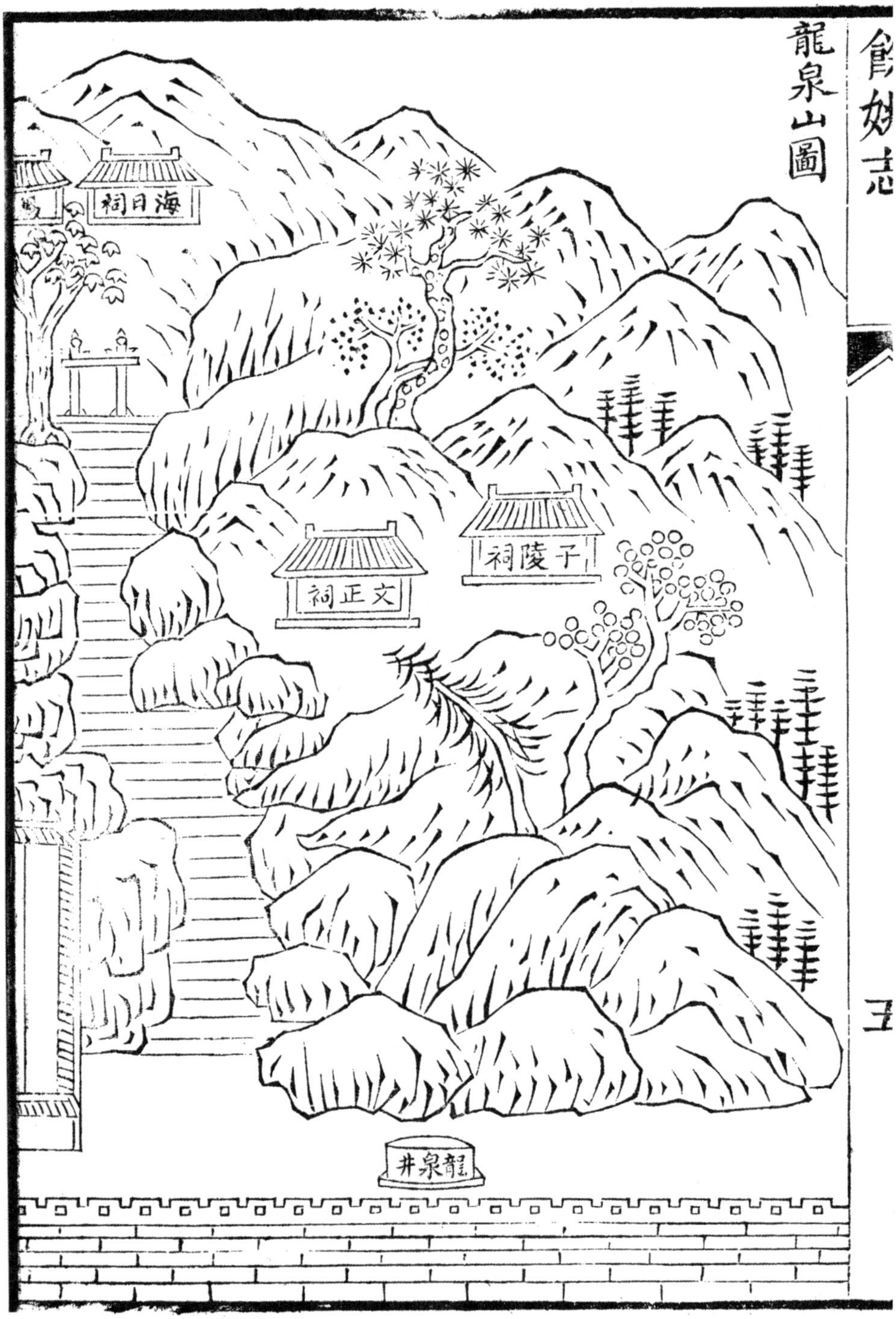

龍泉山圖

祭忠臺
文安祠
龍山書院
三錫祠
忠烈祠
文昌閣
胡公祠
緒山廟
龍泉寺

四明山圖

嵊縣界
棃州山
石
白蓮庄
簞溪
下管
棃樹
昇仙山
鳳鳴澗
罕額嶺
屏風龍潭
祠宇觀
東岡
金嶺
瀑布
大嶺
楊云嶺
白雲山
吴山泉
桃花嶺
蓮花峰
梁衕
東明山
烏胆峰
羅壁山
湧泉
黄山
雙鳳山
上虞縣界
虞山
筆竹嶺

餘姚志
奉化縣界
太白山
杖錫寺
雲南
瀑溪洞
千丈岩
乳竇峰
鄞縣界
韓采岩
過雲
大皎
分水嶺
大蘭山
鹿亭
九疊嶺
石潭
算溪
九曲嶺
雲北
龔村
石門
小皎
三井龍潭
藍溪
茭湖
白龍潭
雲頂山
小嶺
横溪
流水臺龍潭
化安泉
餘姚縣界

客星山圖

華清泉
孫家尖

歷山圖
舜井

舜廟

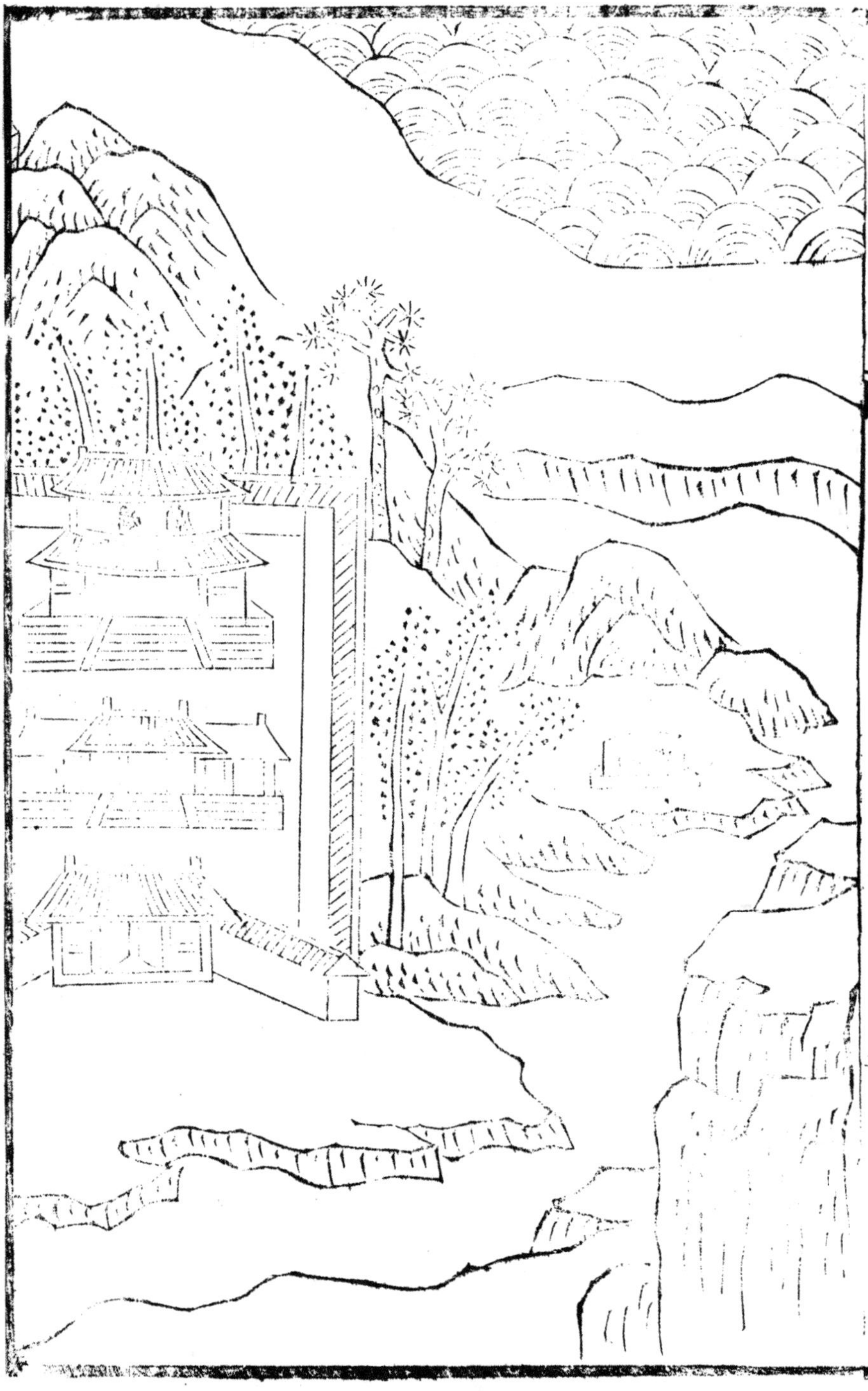

餘姚志卷一

知餘姚縣事唐若瀛修

建置

南斗十二度至須女七度爲星紀於辰爲丑吳越分曰揚州而會稽入牛一度餘姚屬會稽郡晉書天文志

紹興府屬斗牛度兼入女度餘姚屬女度清類天文書

餘姚屬女七度十三分分野天文詳考

案周禮保章氏以星土辨九州之地注云星紀吳越也爾雅載星名曰星紀斗牽牛也則吳越故地宜統屬斗牛分野然以今儀象考之地球輿圖

映照餘姚實在女度不得混屬斗牛考漢書地理志吳地斗分野越地牽牛婺女之分野是餘姚入女度在漢人已若預知之而未及明言者後來占驗諸家泥於爾雅所言星紀必欲舉斗牛以包吳越殆未之詳考也且爾雅所載星名祇舉大綱據晉書則須女亦屬星紀又可明周禮注統言星紀吳越者爲不誤矣天文之學久而辨析愈精要不外於周髀之術即以餘姚論之近日所推與周漢人若合符節故曰天地之道恆久而不已也至唐宋人立論之誤今不復詳述以省繁文

唐虞 荒服 方輿紀要

風土記云舜生於姚邱嬀水之內姚邱山在縣西北六里 太平寰宇記

舜支庶所封之地舜姚姓故曰餘姚 元和郡縣志

案元和郡縣志述餘姚命名之義本周處風土記寰宇記又引風土記謂舜生於姚邱蓋互據傳聞之辭未能核實也至許三禮歷代都邑考稱舜諸馮人今浙江紹興府餘姚縣則直以縣之馮村爲諸馮故墟矣三代以前書闕有閒其軼見他說者各有源流未可臆決也今存舊說用備參考

夏　揚州之域一統志

少康封少子無餘於會稽以奉禹祀越絕書

案萬歷紹興府志謂無餘封會稽姚乃其屬邑故曰餘姚考應劭地名釋郡縣之名或以山川或以物産或以瑞應無取古人君爲縣名之理況勾餘之山見山海經姚水見五帝繫固不始於夏之無餘矣

商　因夏制一統志

周　揚州域越國一統志

案國語句踐之地南至於句無北至於禦兒東至

於鄞西至於姑蔑餘姚地境當在四封之内

秦　屬會稽郡 一統志

漢　會稽郡　餘姚 漢書地理志

案班固志地理多引山水古蹟以定疆界於餘姚則無註而於丹陽郡石城下註云分江水首受江東至餘姚入海疑當日餘姚之境遠接丹陽故能受分江之水至鄮道元水經注所引江水又合浦陽而言之也

後漢　會稽郡　餘姚 司馬彪地理志

案順帝永建四年分浙江以西爲吳郡以東爲會

稽郡餘姚仍屬會稽梁劉昭續漢志註云山海經勾餘之山餘姚句章二縣因以爲名舊志謂餘姚爲帝舜所生之地故江曰姚江南有勾餘山合山水名之爲餘姚蓋本於劉昭之說

吳　仍漢制一統志

案吳太平二年以會稽東部爲臨海郡永安三年以會稽南部爲建安郡寶鼎元年分會稽爲東陽郡餘姚仍屬會稽

晉　會稽國　餘姚晉書地理志

案郭璞山海經注勾餘山在餘姚縣南勾章縣北

葢據當日疆域而言句餘山即四明山也今在慈谿西與晉時異

宋　楊州　會稽太守　餘姚令漢舊縣宋書州郡志

齊　楊州　會稽郡　餘姚南齊書州郡志

梁　同前一統志

陳　同前一統志

隋　省入句章縣隋書地理志

唐　越州會稽郡　餘姚緊武德四年析故句章縣置以縣置姚州七年州廢來屬越有風山四明山唐書地理志

明州餘姚郡開元二十六年採訪使齊澣奏以越之鄮縣置同上

長慶初廢上虞併其地入餘姚太平寰宇記

案唐初置姚州兼置鄞州其後姚州改餘姚縣鄞州改鄮縣竝隸越州至開元中置明州鄮縣屬焉而餘姚之隸越州如故永樂紹興志謂餘姚隸明州誤矣考太平寰宇記云明州古舜後餘姚之墟又云上虞省入餘姚葢唐時餘姚之境東包明州西轄上虞爲越州巨鎮未嘗屬於他州今慈谿白洋湖爲唐餘姚令張辟彊所築鳴鶴鄉爲縣人虞

鳴鶴所居猶可考見遺蹟云

吳越　仍唐制一統志

宋　越州　餘姚望太平寰宇記

紹興元年昇越州爲紹興府　餘姚望宋史地理志

案太平寰宇記蘭芎山漁浦湖百官橋並載在餘姚考嘉泰會稽志則列於上虞疆界之分劃當在南渡以後又咸淳臨安志鹽官縣東南與餘姚石碁山爲界則餘姚又嘗與海寧接壤矣

元

紹興路　餘姚州元一統志

元貞元年以餘姚之戶餘四萬陞爲州永樂紹興府志

明　浙江布政使　紹興府　餘姚縣明史地理志

臨山衛觀海衛並隸餘姚海防類考

皇朝

浙江省　紹興府　餘姚縣浙江通志

餘姚志卷一終

餘姚志卷二

知餘姚縣事唐若瀛修

疆里

形勢　四明南列，巨海北滙，東接蛟門，西通曹渡，長江制其區宇，巨浸帶其封域。大清一統志

波濤觸天，淼若瀛海，南起崇山，高峻天表，北際溟海，横截地維，中望豐山，若馳而南，融爲秘圖，姚江界其胸臆，竹山西石鎮其中流，龍泉二黄參衛拱翼，而客星秀表，經緯諸湖，南北山海，更復壯巖，蓋山之交，水之會，風氣之委藏也。於越新編

至到　東至慈谿南至嵊縣西至上虞北至海東十里爲桐下湖橋到慈谿縣界西三十里爲小樝湖至上虞界南一百六十里爲黎州山到嵊縣界北三十五里入海又北包縣泥山跨海北到海鹽界東南四十五里爲楊谿村之石門山到慈谿界東北七十里爲上林之漾塘到慈谿界西南五十里爲筆竹嶺到上虞界西北七十里爲烏盆斷塘到上虞界永樂紹興府志

東西中橫廣五十五里南橫廣九十里北橫廣一百四十里南北袤一百九十六里萬曆舊志

案通典詳四至八到餘姚之至到見於嘉泰會稽

志者與永樂府志大致符合惟里數稍有盈縮耳

萬歷舊志及康志並以永樂志爲據今從之

驛程

至府城一百八十里至省城三百十里至

京師四千八百八十里 浙江通志

東西官道　西水路二道並由大江口壩經上虞之梁湖鎮渡曹娥江又一水道由菁江經驛亭堰渡百官江過會稽達於府城一百八十里由運河西入錢清經蕭山西興鎮達於省城　東陸道由德政橋過桐下湖至慈谿縣八十里過西渡登陸達寧波府一百三十里又南經奉化至溫台水道由姚江東過慈

谿之丈亭渡達寧波府一百三十五里東北出定海蛟門入大海　南陸道由嵊縣至新昌達台州　北水道絕大海入嘉興海鹽之澉浦松江上海之青村旁通海寧及蘇湖諸郡萬歷舊志

〔南雷文案〕黄宗羲餘姚至省下路程沿革記吾邑至省下其程不過三百里而曹娥錢清錢塘三江橫截其間又地勢界下曹娥而東未入姚江率數十里而一堰船之大者不能容十斛不然則不可以拖堰風雨之夕屏折篷底躑躅泥淖故行者爲甚難自餘姚至曹娥其路有二分於城西二十里之曹墅橋迴姚江而行謂之南路進曹墅橋入支港而行謂之北路南路二十里至下壩又分爲二挽壩上旁渣瀆行支港中十八里至新壩挽壩而上十里即上虞治也不挽下壩仍迴姚江而行三十里至通明壩始挽而上至上虞縣城與支港之路會又三十里乃至曹娥初南路必出通明壩宋淳熙間魏王甍於四明將葬於

越詔遣刑部尚書謝廓然運副韓彥質護喪使者勞午州縣震動知上虞汪大定以通明堰高峻潮汐雖登僅過數舟則已涸矣於是增浚渣湖別於支港創小堰以通舟募遊手二百人別以旗色分列左右俟大舟入引潮水灌之水溢堰平衆力扶輿舟以進客無敢側舳艫相銜俄頃俱濟自是以來反以支港爲通衢非大旱水涸則無有由通明者矣世傳史彌遠所開有恩多怨多之謠非也北路較南弱十里歷陛亹橫河驛亭三堰南堰挽舟設轆轤北堰則徒手舉之故其舟尤小也三堰盡掠夏蓋湖渡百官江即曹娥之下流也陸行二里至塔橋與南路會自曹娥而西路無支徑地勢平衍無拖堰之勞無候潮之苦較曹娥而東相懸絶矣然按周益公思陵錄錢清江者東自三江口來西過諸暨約三百餘里闊十餘丈運河半貫其中高於江水丈餘故南北皆築堰止水別設浮橋渡行旅大舟例剝載小舟則拖堰而過梓宮船欲渡待其潮水平漫開閘水勢奔注久之稍定兩岸以索牽制始放御舟將達南閘大舁舉繼之御舟受觸幸而篙工能事得入閘口舉舟不能入橫截南岸冊寶又往江流湍急舟入人力不能加直衝其腰既

而靈主亦來復衝冊寶勢尤可畏運使趙不流頓足
垂涸幾欲赴水當口之險如此今自麻溪作堰錢清
上流之水引入錢塘三江口作閘湖水亦不入錢清
而錢清與運河相渾有江之名無江之實矣不然與
曹娥而東其艱難不甚相遠也錢塘之渡自昔爲難
孫覿誌汪思恩云會稽錢塘舟人冒利稛載而行半
渡舡攙邀取錢物而纍風猝至舉舟盡溺死操舟者
皆善泅獨免公爲臨安守日不戮此輩則殺人未艾
也悉論殺之更造大艦十數每一艦受若干人製號
如其數以五采別異之置吏監總渡者給號登舟卽
過數而號與舟不類者皆不受舟人給直有定估除
十之一備修葺之費抵今二十年無一舟之覆蓋錢
塘除纍風積水亦不甚險唯載人過甚舟力不勝則
有覆沉之禍舟子僥倖頭刻往往以尋丈之舟載至
百十人當事每每以空言申飭安得如汪守者而與
之講濟人之事乎百官江本不甚闊而土人輪日取
利止以一舟値渡餘舟不得攙入往來候渡甚艱爲
令者苟革其輪日之例則行者不滯矣是故吾邑風
氣朴略較三吳截然不仝無他地使之然也然而民
生愈促朴略變爲智巧是則非三江疊堰之所能限

也不能不歸之氣運耳

里都

宋附城爲十坊曰履仁待士清和崇理訓俗通德太平時清永寧雙桂城外爲十五鄉曰冶山其里四萬歲貫福景安賀恩曰通德其里四仁歸再生仁德多見曰雙鴈其里四中埭南雷國覇王安曰鳳亭其里三許君顧伴宋恩曰四明其里四白雲趙餘梁政蔣吳曰雲樓其里四九功永明神護王政曰燭溪其里六豐山吉泰王勝王祐周班周義曰雲柯其里五信天承福禪像僧保天養曰東山其里六李春姚娘安僧余福余支蔣德曰孝義其里四俞成王壽壽侖

黄金曰開原其里五汝仇宜訓閻剩趙孟戚余曰蘭
風其里六孫兒惠藥施金馮明大悲班兒曰龍泉其
里六羅逸傳太太慶王保施惠駱德曰梅川其里四
劉榮長慶戴福謝芳曰上林其里五石人嚴順邵恩
曰孰王惠嘉泰會稽志
案餘姚里都之可考者始於宋萬歷志謂宋之鄉
以地遠近爲序鄉之名曰雙雁者用漢虞國事曰
冶山四明燭溪東山龍泉梅川上林則以山川雜
繫之然龍泉之山燭溪之湖及梅川者與所稱之
鄉又錯雜也今考諸鄉名之見於載籍者蘭風見

水經注云柯見王文公集孝義開原見樓攻媿集而莫詳其義惟鳳亭之名因虞仲翔建亭於豐玉山有來鳳之祥故名鳳亭見四明山志差爲可信耳至東山志稱余支爲東漢時人姚娘爲富而好施者遂以名其里迯委巷流傳之語強事皮傅殊不足據

元附城四隅東南隅其坊雙桂待士東北隅其坊安定還淳肅清西南隅其坊甘泉高誼西北隅其坊永寧袞繡閲武城外三十五都東山一都其圖六二都其圖六三都其圖七蘭風一都其圖七二都其圖七

三都其圖五燭溪一都其圖七二都其圖八梅川一都其圖五二都其圖十一冶山一都其圖四四明一都其圖四二都其圖四三都其圖五開原一都其圖十二都其圖十三都其圖七鳳亭一都其圖十二三都其圖十三雲柯一都其圖十二三都其圖八三都其圖七雲樓一都其圖十上林一都其圖九二都其圖五通德一都其圖六二都其圖五三都其圖六孝義一都其圖八二都其圖十六雙鴈一都其圖十二都其圖八龍泉一都其圖七二都其圖九永樂紹興府志

案萬歷志元改鄉爲都皆通其所領之都以一二

起數而次第之獨餘姚三十五都槩采十五都之名各以一二計之仍分四署曰東蘭燭川治四開原亭柯樓上德義雙泉官有所督視署爲先後與他縣異

明嘉靖開編審東南隅六里東北隅九里西南隅四里西北隅八里東山一都五里半二都六里三都七里半蘭風一都四里二都五里三都四里燭溪一都五里半二都七里半三都七里梅川一都三里半二都八里半治山一都三里半四明一都三里半二都三里三都三里半開原一都九里二都十里三都七

里鳳亭一都十里半二都十二里雲柯一都十二里二都七里半三都六里雲樓一都九里半上林一都八里二都四里半通德一都三里半二都四里三都四里半孝義一都八里二都十五里雙鴈一都九里二都七里半龍泉一都二里半二都八里半

萬歷二十九年編審東南隅八里東北隅九里西南隅六里西北隅十里四隅共三十三里東山一都六里二都六里三都七里蘭風一都六里二都七里三都六里燭溪一都六里二都八里三都七里梅川一都八里二都十二里治山一都三里四明一都四里二都

五里三都六里開原一都十二里二都十一里三都八里鳳亭一都七里二都六里雲柯一都十四里二都十一里三都七里雲樓一都十一里上林一都八里二都五里通德一都三里二都五里三都七里孝義一都八里二都上區九里下區十一里雙鴈一都八里二都六里龍泉一都八里二都六里四鄉共二百七十里萬歷舊志

案明一統志餘姚爲里凡三百又二然永樂府志所載又與洪武制殊蓋里以編戸十年一更籍時有損益也今祗存舊志所載以備稽考

皇朝

康熙二年編審東南隅十五里東北隅十一里西南隅八里半西北隅十八里四隅共五十二里半東山一都六里二都六里三都五里蘭風一都九里二都十里三都八里燭溪一都五里二都六里三都七里梅川一都十一里二都十四里冶山一都三里四明一都四里二都六里三都七里開原一都十三里二都十三里三都八里鳳亭一都二里二都五里雲柯一都十三里二都十里三都八里雲樓一都九里上林一都五里二都五里通德一都三里二都六里三都

六里孝義一都九里二都上區九里下區十一里雙鴈一都九里二都二里龍泉一都八里二都七里四鄉共二百七十里舊志

雍正六年總督李衛題陞三山所民地附入梅川一都計三里

乾隆四十三年都隅在城四隅分三十五里○東南隅(九里)西南隅(四里)東北隅(九里)西北隅(十三里)○鄉三十六都(都名十五)分一百五十八里○東鄉龍泉一都(五里)龍泉二都(三里)梅川一都(六里)梅川二都(九里)上林一都(三里)上林二都(二里)○南鄉通德一都(一里)通德二都(三里)通德三都(四里)

鳳亭一都一里鳳亭二都三里雙鴈一都四里雙鴈二都一里四明一都二里四明二都四里四明三都四里○西鄉燭溪二都二里燭溪三都五里開原一都八里開原二都九里開原三都五里雲樓一都六里東山一都三里東山二都三里東山三都四里蘭風一都六里蘭風二都七里蘭風三都五里○北鄉冶山一都三里雲柯一都八里雲柯二都七里雲柯三都五里孝義一都四里孝義二都五里孝義三都七里燭溪一都二里城鄉共一百九十三里通德鳳亭雙鴈四明在江南餘皆在江北

案現編里數視昔稍減據原設版圖一百九十八里今編順莊二百五十四里既歸順莊條鞭按籍

可考則里之增減亦無庸討矣

宋李光雙鴈道中詩 晚潮落盡水涓涓柳老秧齊過禁烟十里人家雞犬靜竹扉斜掩護蠶眠 明宋僖重過上林詩 二十年前向此過涼亭寒露慰奔波當時未覺青山好此日重來白髮多投轄幾人懷往事煎茶何處聽新歌路傍野老能迎客樹下幽居奈爾何 王守仁四明道中詩 每逢佳處問山名風景依稀過眼生歸霧忽連千嶂暝夕陽偏放一溪晴晚投巖寺依雲宿靜愛楓林送雨聲夜久披衣還起坐不禁風月照人清

市肆

魚行 譙樓南又江南北四門內 果行 在譙樓南 柴炭行 江南南濱門內 木棉行 泥灣南口又武勝門 米行 孫埭橋東又澄清門外杜家灣 雞鵝行 鄧家巷南 豬行 桐家橋 羊行 公館前 布行 澄清門外 臨山市 衛城南 滸山市 三山所東門 姚家店市 通德鄉去城十八里 藍溪市 一名陸家埠治東南二十五里界慈谿

新壩市鳳亭鄉治西三十里梁衙市四明鄉治西南四十五里馬渚市雲樓鄉治西二十五里周巷市孝義鄉治西北四十五里天華市開原鄉治西北三十里方橋市開原鄉治西北二十里店橋市雲柯鄉治西北四十五里黃清堰市雲柯鄉廢埋馬市梅川鄉治東北匡堰市梅川鄉治東北三十五里石人山市上林鄉治東北六十里。以上見萬歷舊志

案城中所設諸行今稍有移易然其名尚存東山志謂臨山市自東門至西門百貨叢集非在衞城南也與萬歷志異

王風橋市塘堰橋市徐家廊下市第四門市湖地戚家市低仰堰市沈塘餅橋市大塘新市廟山市天中

市彭橋市以上竝在江北蔡家堰市石婆橋市竝在江南○以上見舊志

寶藏市在周家路悅來市天元市長和市百兩橋市俱在雲柯鄉

廻龍橋市上塘市五車堰市俱在蘭風鄉○以上新增

卷二

十

餘姚志卷三

知餘姚縣事唐若瀛修

山川

秘圖山　在縣治北本名方丈山唐天寶六載改今名

舊書謂神禹藏秘圖之所　大清一統志

此山舊爲靈壽觀址縣治在其南麓觀廢於建炎兵

火遂以弓守營地爲廣福觀易之以廣縣治嘉泰會稽志

龍泉山　在秘圖山西一里許舊名靈緒山亦名嶼山

水經注作緒山名勝志

孔曄記云昔虞翻嘗登此望四郭戒子孫曰可留江

北居後世祿位當過於我聲名不及爾虞氏由是悉居江北也山巔有葛仙翁井腰有微泉未嘗竭名龍泉王荊公少時隱居讀書於此嘉泰會稽志

山半有神仙洞高數丈深不可測洞旁有泉所謂龍泉也宋高宗飲之甘因取十甕以去中峯高處有石曰絕頂石明邑人成器陳牲豆於上祭劉球焉遂名祭忠臺萬歷舊志祭忠臺詳見古蹟

〔全唐詩〕〔方干登龍山絕頂詩〕未明先見海底日良久遠雞方報晨古樹含風常帶雨寒巖四月始知春中天氣爽星河近下界時豐雷雨均前後登臨思不盡年年改換往來人〔宋王安石文公集龍泉詩二首〕山腰石有千年潤海眼泉無一日乾天下蒼生望霖雨不知龍向此中蟠　人傳湫水未嘗枯滿底蒼苔亂

髮麤四海旱多霖雨少此中端有臥龍無（宋詩彙子孟）

點龍泉山詩）汀濆橫鱣鯨螻蟻得而制所據非所容悲歎生賈誼吾疑洛陽叟所見未超詣卷之不能伸無乃爲形累竭來姚江濆稽首龍山寺泓澄尺餘水龍乃於此憩斂之還可小泥蟠縱兀肆乘時大其用雲行復雨施出無而入有莫得窺其際茲龍之爲龍所以超萬類彼哉橫江鯨舟楫詫吞噬莫知屈伸理巳大不可細滄溟有時竭鬐鬣何足恃惟龍神以人不足以跡泥洪濤載翻播勺水或游戲江河固所使巖穴亦可寄深潛若終隱奮迅倏巳逝小大無定名變化莫擬議吾聞黃面老法門傳不二細能入無閒大可周天地芥子納須彌妙語言下契蟄龍徘徊久其亦悟此意（元韓性五雲漫稿）

登龍山詩）鳳凰不棲枳天馬肯就閑胡爲九淵龍臥此數仞山苟無風霆威何異蛙螾繁世網易嬰人有如百尺瀾悠哉志士懷真欲甦人寰一朝躡浮雲游戲窮元閒寧知天瓢側不及智井蟠百年撫陳跡老木亦巳刋名高難易毀志遠終難攀山中白頭僧笑我發浩歎（舊志）

明陶安龍泉山詩）腳底潮生鼓萬雷浪頭隱隱白雲堆諸洲地到海邊盡外國帆從天際來但見中間浮島嶼

不知何處是蓬萊生平登覽今朝最彷彿珠宮貝闕開（宋）倩庸菴集龍山送客詩龍泉高處爲誰登曲徑幽尋樹下僧黃葉又經秋夜雨青鞋僧蹈歲寒冰西來山閣隨雲隱東去江船待月乘邂逅浮生還惜別吟詩落焰倚蒼藤（謝遷）歸田稿登龍山絕頂詩迤邐蟠龍接秘圖雨中臺殿半模糊神仙勝境餘三島狂客歸舟任五湖地近東溟先見日樹連南郭晚棲烏高軒過處人爭訝一片清冰照玉壺（王守仁）陽明文集緣憶龍泉山詩我愛龍泉山山僧頗疎野盡日坐井欄有時臥松下一夕別雲山三年走車馬愧殺巖下泉朝夕自清瀉（舊志）林俊龍山詩龍山幾道落巖泉古寺長松鎖夕煙風雨晦冥無丈室藤蘿昏黑隱諸天看飛短錫知何日打貿殘碑不記年生滅大千還世界白雲滿地故依然（于震）神仙洞詩密葉重重護彩霞也知深處是仙家雲屏靜掩人閑月春色遙連洞口花局面山河移甲子樹頭寒暑記年華西風正苦瀛洲路願借谿邊兩月槎（錢德洪）緒山集思龍山絕頂詩龍山只在蕙花陽鍾梵悠悠燕雀翔絕頂龍潛含雨氣中天山翠接江光夢迴鄉國堂垂白秋到東籬菊正黃南望傷心一抔淚錢塘野渡正蒼茫

近詩紀盛譚宗登龍山懷友詩傷心百歲半東流經歲關門補浪遊九日每含他席淚十年重見此山秋清江晚堞寒生月衰草黄雲莽入樓恨不披襟最高處同君散盡故園愁

按康志據水經注稱龍泉山爲緒山然嘉泰志已稱靈緒山則其名已久矣王安石二絶句康志祇載其一茲從全集補入以李璧注考之當是安石爲鄞令過餘姚而作此詩嘉泰志謂荆公少時隱居讀書於此亦傳會之辭也又康志載蘇軾送劉寺丞詩止節錄末四句今錄其全篇載在藝文

大黄山　在縣東二里亦名鳳山力輿路程考畧山之脊曰鴈嶺以漢虞國致鴈而名萬歷舊志

〔續姚江逸詩〕〔譚宗登鳳皇山詩〕鳳山培塿上東皐山上藤蘿面面搭草跡纔經秋雨後林端忽挂晚來潮僧歸紫邏栴檀寂殿繞黃雲土木驕無限勝情殘日冷角巾留取拂輕颸

按舊志載皇甫汸鳳山神燈詩考皇甫四先生集分咏姚江名勝數首不專指鳳山也朱一是爲可堂集有神燈記亦據城中所見而言今並載入藝文

竹山　在縣東南五里形如龜其北趾踐於江是謂縣水口下爲竹山潭〔古今圖書集成職方典〕

〔明詩綜〕謝肅〔竹山秋望詩〕一峯卓雲際不受江潮吞維舟陟層崖爽氣舒秋旻蒼蒼古松栢寒溜凝孤根百年事往復城市煙塵昏目送東流水遙向滄海奔靑氣從何來知是南溟雲逝將稅塵鞅高舉隨劉樊

白山　在縣東南三里亦名蛇山浙江通志

山稍西有墩曰紫墩萬曆舊志

〔明〕李安世吹萬集春晚登白山詩迤邐平岡古廟尊繚牆留得夕陽痕兩灣江水碧如玦十里菜花黃到門舊社枌榆經歲改城南雞黍幾家存不須再誦通天表泗水悲風更斷魂

以上五山爲縣之鎮山秘圖龍泉在治城內鳳山在江北龜山蛇山在江南從浙江通志載於諸山之前

西石山　在縣西二里嘉泰會稽志

落星石高七八尺江潮浩漫石亦不沒故老云星隕化爲石太平寰宇記

吳越寶正六年題爲寶石山邑人莫若愚以其壞冊鑿去方輿路程考畧

童山　在縣西三里嘉泰會稽志

風山　在縣西北五里永樂紹興府志東西二峯相峙俗呼東豐山西豐山十道志云山少木多石又云通始寧及剡非也山今在江北與上虞猶接境嵊則太遠矣山周迴未及十里舊云廣四十里亦未然其上多古塚有穴可入中室或寬四五丈或二三丈傍皆砌磚閒有二三室者俗呼爲老人塚云萬歷紹興府志

〔明〕倪宗正小野集豐山詩此山高且險上與霄漢侔石道掛松崖髣髴飛虹遊由童輒以捷步步恣騰蹂而我隨之上不敢輕回眸風高動寒慄天闊益傴僂躋攀極分寸詎肯中途休不肯顧顛沛但欲搜怪幽倪倪出寰宇飛步神仙樓白雲流其下翠山青萍浮澄江一縷藐綠野文綺綢俯見滄海痕只在山麓流長嘯天地中鳥革霜化秋荊棘化柔梓壑海沉山邱坱漭幾變易唐晉及漢周撐開萬古眼看破萬古愁仙迹宛然在仙人不可求藥臼對丹爐茗草何叠稠烟光從地起暝色生松楸落日萬丈暉倒照寒山頭衣袖映餘光光景爲予留風骨尚塵埃歸路披颼颼

案風山見唐書地理志云成化浙江省志萬歷紹興府志俱作豐山蓋沿俗語之訛也惟永樂府志仍作風山康志謂其形象風字得其審矣

滸塘山　在豐山以西萬歷舊志

馬鞍山　在縣西二十里同上

菁江山　在馬鞍山西同上

九功山　在九功寺側同上

馬渚山　在縣西三十里舊經云秦始皇飲馬於此永樂紹興府志

吳女山　在縣西三十八里高一百二十五丈周圍七八里舊名蛾眉山天寶六載改今名嘉泰會稽志

姜山　在縣西北五十里袤十里有五峯曰金雞曰蛾眉曰積翠曰凌雲曰白馬嘉泰會稽志

吳越智覺禪師延壽有詩讀之五峯之勝可以槩見

其金雞峯云松蘿高鎖夏長寒透出羣峯畫恐難造
化功成彰五德洞天雲散露花冠蛾眉峯云盤空勢
險通巖眼深洞寒聲落白泉好是雨餘江上見水雲
僧出認西天積翠峯云翠壓羣峯地形直落日猿聲
在空碧天風吹散斷崖雲古松長弄三秋色凌雲峯
云烟蘿高巘勢凌雲影瀉斜陽出海門曾與支公深
隱去夜寒風雨上方聞白馬峯云雲外層峯瀉危瀑
天際陰陰長寒木南北行人望莫窮秋雲一片横幽
谷山中有小池廣不及丈俗呼爲姜女池姜女不知
何時人山之得名亦以女也其水雖大旱不竭積雨

不盈池中草嘗蕪沒稍芟治即泉竭禱祈久之始如故寳慶會稽續志

右江北西去之山

小黃山　在縣東五里萬歷紹興府志

烈山　在縣東五里舊志

九疊山　在縣東九里又名九里山萬歷紹興府志

案舊縣志作俗呼九里山據嘉泰會稽志永樂紹興府志俱作九里是九里之名甚古非俗稱也明中葉以後乃改稱九疊耳

桐下湖山　在縣東十里與慈谿界舊志

右江北東去之山

勝歸山　在縣北三里晉劉牢之勝孫恩歸屯此故名嘉泰志作聖龜山山少草木多石土人采用之呼爲打石山萬歷紹興府志

嘉靖二十七年邑令胡宗憲出公羨銀贖毛宏元等山五十餘畝魯維曾等西面山宕二畝邑人王太守正思以近北山宕六畝史同知鵜又以北石宕三處具書契以歸官而皆辭其值其每歲額課議出辦於公以杜請佃之端是胡侯不負此山靈而篤祐我姚人也萬歷舊志

〔明〕孫鑛居業編登勝歸山詩　爽氣朝來勝相偕但阿咸幽林尋鹿豕古廟看松杉劉守會無碍胡公尚有巖人生幾兩屐山路自巉巉

鯉魚山　在縣北五里宏治紹興府志

儀桐山　在縣北十里同上

烏戎山　亦名烏玉山下爲烏玉湖在縣北少東十七里萬歷舊志

礭山　在烏玉山北少西去縣治十八里成化浙江通志

劉山　嵬然特秀爲一方之宗在縣北二十里萬歷舊志

鏌劍山　在縣北二十三里嘉泰會稽志

松山　在縣北二十五里嘉泰會稽志

案萬歷府志作松山在縣北二十里誤也舊志作二十五里與嘉泰志同

柏山　在縣北三十里五代時胡輔成家此遶山種柏更名柏山方輿路程考畧

案萬歷府志作柏山在縣北二十里據嘉泰志作柏山在縣北三十里

嚴公山　爲子陵故里方輿路程考畧今子陵裔尚聚族而居焉爲少東曰陶婆嶺萬歷舊志

〔元〕戴良九靈山房集〈題嚴氏蒼雲堂詩〉茂植有鬱條澄源無濁流若人嗣芳允撫境懷令猷蒼蒼亂山出翳翳族雲浮何言姚江住不似嚴瀨遊雨耕循近墅烟釣薄遙洲晨出戶庭靜夕息軒窗幽第嫌古今迹

永閒東西州悽悽百世心眷眷千里眸存家子悵惘泯迹我夷猶忽覩迹徂作祇重越鄉憂

黃山　在陶婆嶺以北下爲黃山湖舊志

月山　在縣北三十里直北羣峯簇簇狀若蓮花曰蓮花峯萬曆舊志

眉山　在縣北三十里海中望之如修眉然讀史方輿紀要

樣山　在縣北二十八里方輿路程考畧

歷山　在縣北四十里昔人謂舜封支庶於此其子孫遂立舜廟永樂紹興志

舊經云歷山在會稽東南昔舜耕所也又云越有歷山象田者以舜之餘族所封舜姚姓故曰餘姚蓋其

子孫思舜鄉取像於此亦猶漢新豐之義此山雖非舜之耕所亦由舜而得名也蘇鶚演義歷山有四一河中二齊州三冀州四濮州雷澤又其二不聞所云其二不聞者豈此山乃其一耶嘉泰會稽志

野客叢書歷山有四而餘姚之歷山不列其間然自漢以來餘姚上虞之名縣皆以大舜彼四歷山之所無此一證也舜禹同時禹之蹟在會稽人所不疑舜之蹟在會稽乃獨疑之乎此又一證也虞氏子孫盛於姚江者數千年彼四歷山未聞有顯者此又一證也合此三證則歷山之在餘姚者爲是方輿路程考畧

山方廣僅數畝高尋丈許磊磊皆石循東麓而上有圓石出土叩之有聲山陽石壁鐫耕隱二字有石嵌空橫覆如床可坐數人相傳爲虞舜耕時避雨處折而西有石圓如盆盎盛水一泓亢旱不竭即舜井也舊志

〔梁江淹文通集歷山詩〕愁生白露日思起秋風年落葉下楚水別鵲噪吳田嶂氣陰不極日色虧半天酒至情蕭瑟憑尊還惘然

右江北北去之山

文山　在縣東北一里宏治紹興府志

冶山　在縣東北五里傳云歐冶子鑄劍之所嘉泰會稽志

〔姚江逸詩〕〔明〕陸相治山舟中詩且將幽賞息塵機未省樽前有是非鷗鷺一羣隨釣艇芙蓉千樹隱江扉風狂喜有潮相送秋老兼無葉可飛欲訪治山王處士菊花枝畔醉餘暉

屯山　在縣北五里晉孫恩屯兵於此　大清一統志

安山　在縣東北十里　成化浙江省志

陳山　在縣東北十里治北胝之卓峭如筆項平廣可十畝周顯德中建靈塔院其上遺趾尚存高千餘仞少石饒草木嚴子陵墓在焉故又名客星山山半有泉曰華清泉亦名旋井宋元豐中楊景謨顧臨同遊酌泉賦詩於此　永樂紹興府志

〔元〕黄溍集〔陳山晚泊詩〕一柱孤撑杳靄開人言此是客星山流風百世今誰繼應詔諸賢故未還荒塚草

裘迂石路高齋月滿閑松關窮年漫遊蒼江上及此維舟獨厚顏（明）潘府紀遊序丁丑之秋訪舊姚江值重九日故事當登高姚士知余者請尋客星山之勝余曰此吾志也遂命舟偕往仰子陵之高風瞻客星之絶巘攝齋踰峻攀蘿剪棘披志求之得子陵墓於亂石數峯之間掃地陳饌酹酒墓前諸君咸興今古之歎乃命酒載酌因取雲山江水歌分韻賦詩而予記其事予惟世道日降嘗仰止先生維持風教之功恨不可復作特爲是遊以舒感慨顧瞻不能去云復取山下華清井之泉人酌之予蹙然曰此殆非貪泉也諸君飲此幸他年毋負兹泉吾老矣猶當知戒

客星山側有嶺曰陳山嶺少北曰小嶴曰大嶴其南曰姥嶺又南曰柳家嶴曰照山衕南與九疊山相連東入燭溪湖舊志

磨山茅山　二阜列於燭湖西湖之中燭溪以塘路爲東西　環湖

之山三四十里其最名者曰孫家尖萬歷紹興府志

孤山　在縣東北二十八里南麓臨燭溪湖四峯如筆格前有墩曰漲沙墩浮出湖中雖大水溢不沒於越新編絶湖而南曰梅嶺舊志

石匱山　在縣東北二十二里峙燭溪湖中三面皆水其脈自梅嶺來自高山望之正方如匱上有烽堠舊址　大清一統志

航渡山　在石匱山東成化浙江省志

梅梁山　在石匱山南二里梅溪水自其西出浙江通志

許郎山　又名海郎山在航渡山東一里許山北向甚

闊自趾至腰平可行上則陡峻必由東西透迤乃上山巔亦有烽堠址俗呼爲雄鵝癖萬歷紹興府志

眞武山 在許郎山東甚高峻北面湖自山肩東下折而中高阜隆起如人危坐拳手著於腹東龜山西蛇山前亘出湖中排列甚整自孤山望之儼然天造之勝由巔而南聯綿數十里不絕稍東曰柘嶴方輿路程考畧

流亭山 在縣東北二十里下爲石堰浙江通志

虞山 在縣東北三十里太康志云舜避丹朱於此太平寰宇記

案萬歷舊志虞山去治東北二十三里與寰宇記

里數不合

石屋山　在縣東北二十三里空洞如屋浙江通志

旁有嶺曰娥眉嶺萬歷舊志

嶼山　在縣東北三十里永樂紹興府志

烏山　在縣東北三十五里方輿路程考畧

嶄山　在縣東北三十八里其下爲三山所讀史方輿紀要

埋馬山　在縣東北三十五里舊有石臥水如馬或云

宋高宗爲金所逐徒步行中途忽得馬疾馳向明州

至此馬化爲石於越新編

彭山　在縣東北二十八里浙江通志

匡山　在縣東北四十里一名康山宏治紹興府志

塗山　在縣東北四十二里萬曆府志

包山　在縣東北四十二里狀類襆包其嶨曰包結嶨方輿路程考畧

石人山　在縣東北四十五里山之陽有立石如人山陰有石人洞大清一統志

石人洞嘗若掃溉峭石如粉昔有浮屠裹糧持炬而入經越信宿聞鸖聲乃還萬曆舊志

舊志元岑艮卿賦余里有石人山下有石如人與家居鼎峯相望以其類隱者號曰居士設為鼎峯老人與石居士問荅之辭云鼎峯老人披鹿裘躡芒履好怪嗜奇畢意探索躋攀嶄巖徙倚林薄有石居士倨

傲自若匪鬼匪人逼視無愕老人進揖而問曰巖洞杳冥草木紛錯子居是焉何取何樂載籍逸亡歲月綿邈罔究端倪孰能測度請無問其詳願聞其畧乎石居士曰昔者鴻濛既判混沌乃鑿陽杳陰交胚胎堅確凝精結氣磊塊盤礴維媼神之姙娠亦女媧之鍊魄蒙養日月之光乳毓雨露之澤戴元履黃揭揭中立俯瞰塵寰流光瞬息聰兹土之雖陋有重華之遺跡極海濱之斥鹵亘終古而窮僻既托身而何之棲已久而無數九州錫貢匪怪罔及曲沃馮言匪余之職金華羣羊笑彼呵叱鄗南翁仲匪我儔匹顧支余機之何賤思補天而無力邀安期於渺茫訪王母於寥闃覗世態於萬端殆浮雲之變易既世俗之我遺亦何勞於記憶感邂逅於知己冀畢露其胸臆嗟余懷瑾握瑜隱避下邑矩矱是持禮法是式沉靜淵默端莊謹飭任吾天真不假修飾招白雲以爲蓋藉芳草以爲席衣薜荔兮鱗鱗冠蒼苔兮岌岌猿猱爲侶麋鹿在側若夫林和日暄歌鳥欣懌山明月麗羣鶴翔集景物暢美余固自適至於電掣雷驚虎嘯猿聒霧晴烟昏松杉失色氣象荒寥余亦自得此固安於所性而不知夫悲歡得失也老人曰子之所負余既

獲聞之矣然吾聞之望高山而仰止世瞻企以爲則方海內之蒐賢何迷邦而懷璧恐鶴書之專致來蒲輪而遠辟願奮起以慰俗而無事乎深匿也居士曰吁君言是矣然余揆資質之頑礦愧形軀之寒瘠素沉淪於草萊久捐棄乎巾舄感謗言之勤渠動余懷之惕怵志雖企乎雲霄材莫齊乎金錫在昔神禹東巡是極錫土與姒弗遇咫尺祖龍戾海人神感惕駕濤成梁我迷其轚大庭雍熙嘗沐盛德億萬斯年復覩今日言未既老人卻立而謝曰子負世長予弗子識追余舌之淺近嗟駟馬之難及幸鄰德之匪遙將覽夫搏
天之翼

蔡山金山破山　三山相峙如鼎足因名鼎峯俱在縣東北三十五里　名勝志

蔡山北有巖曰望海巖金山巔多䃣石行列甚整昔人依石結亭達觀溟海故又名海亭山破山相傳葛

洪剖之取石鍊丹萬歷舊志

〔舊志〕〔元〕黃叔英〔詩〕爲問當年葛稚川剖山煮石功貪天爐殘火斷山亦合造化物者還故然〔明〕宋僖庸菴集三山晚宿詩〕白頭兩度過三山三宿西峯紫翠閒明月再圓潮滿海寒雞亂叫石當闕論文半夜新茶樂齋佛長年老子開榻下諸郎總淸秀雲中丹桂許人攀

吳山　在縣東北六十里其陰有吳山洞巖石嵌空旁產牡蠣紹興府志

懸泥山　在縣北六十里〔斜〕峙海中其上多橘下有湧泉冬夏不竭嘉泰會稽志山北浸於大海今俗呼爲勝山嘉靖中屯兵備倭有營房焉萬歷紹興府志

案今勝山產甘菊而嘉泰會稽志及舊省志府志俱作橘豈因音近而訛歟

繆家山　在縣東北三十里山巔北見大海西南陡峻北望如牛形負軛處脊峯宛然平坦易上有池廣數丈曰光池東曰白石尖曰鏡臺峯萬歷舊志

游源山　去治四十里游涇之水出焉有嶴曰金雞嶴舊志少東曰妙山介金雞妙山之閒有大阜焉曰敘惇山相傳有陸氏祠墓中多大谷坳僻人迹罕到窮嶴以入有潭曰鬼嘯潭神龍是宅大旱禱之輒雨北有嶺

曰大古嶺、小古嶺，西走銀塘，東入上林諸山。萬曆舊志

〔江湖集〕〔宋〕高翥詩：藍輿清曉入山家，獨木橋低小逕斜。屋角盡懸牛蒡菜，籬邊多發馬蘭花。主人一笑先呼酒，勸客三盃便當茶。我亦經年無此樂，爲憐身久在京華。〔明〕宋僖〔庸菴集〕游源山詩：餘春紅紫尚菲菲，話舊傷情故老稀。秉燭山林連夜雨，思家道路幾人歸。龐公采藥知何往，杜老誅茅願豈違。他日幽居山谷裏，與君開戶看雲飛。〔舊志〕黄宗會詩：遒客支笻撥曉嵐，偶從水北問山南。入林已失人間籟，絕嶂來看鬼嘯潭。旖旎晴雲眠鹿犢，蒙茸腥霧引龍男。境清不許尋常住，又放芒鞋過草菴。

栲栳山　在縣東北六十里，一名仙居山。有盤蘿石平如掌，可坐數十人。嘉泰會稽志

相傳神仙所居，其上有雲霧，天即雨，人以爲占，亦名雨靈山，又狀類栲栳，亦曰東栲栳峯。西栲栳峯，西栲

巃之巔有石如屋曰石谷亭山半有盤蘿石石旁有
厂是產長生草下有溪曰栲溪冬夏流沫不息旁有
石高二丈曰闞紫石並溪有石一俯一仰曰笈笠石
東下有莫子純讀書墩有泉曰瀑布泉亞於四明之
白水其北一隴二支曰小蟠龍小蟠龍環爲上林諸
山紹興府志

〔嘉泰會稽志〕宋謝景初詩山水有奇秀何必耳目親
茲地世未知偶遊艮可珍平湖瞰其中翠巘圍四垠
青松千萬植落瀑如懸巾佛廟聳殿塔裝點繪畫新
清溪與斷崖水石聲粼粼峯巔見滄海月出常先晨
花草時節異寧問秋夏春陵谷千萬古豈無稱道人
德徽言不信又恐遠故湮尊酒且樂我醉來事事均
〔又瀑布泉詩〕落泉下峭壁陡絕千萬丈濺急雪片飛
望若匹練廣出嶺竇苔林三里已聞響其旁有巨石

平澗可俯仰愚俗所不道我輩數來賞須期秋色清
攀蘿將雨上《江湖集》高翥《上林山行》詩落盡桐花春
已休過牆新筍籜初抽山行步
步黃泥滑小立溪橋聽雨鳩

石匱山　在縣東六十里傳云禹藏書於此山有大石礧磈其形如匱嘉泰會稽志

石匱東亦曰東山有泉曰淨聖泉大旱不枯旁有神仙之跡上林湖支山竝以栲栳爲宗紹興府志

案餘姚有兩石匱山一在燭溪一在上林近時省志府志俱詳述燭溪之石匱而在上林者隱矣然嘉泰志祇載餘姚上林之石匱與山陰會稽之石匱竝數爲三則在燭溪者名由後起耳

右江北之東北諸山

魯家山　在縣西北五里由塔子嶺而入方輿路程考畧

熨斗山　在縣西北六里於越新編

點兵山　在縣西北十二里晉高雅之討孫恩於此點兵焉今呼爲點碧浙江通志

蕨山　在縣西北十四里有嶺曰蕨菜嶺舊浙江省志

芝山　在縣西北二十里是產靈芝方輿路程考畧

石姥山　在縣西北十五里有白龍湫禱雨輒應浙江通志

克山　在縣西北十五里紹興府志

花蕎山　在縣西北十五里是產香蕎方輿路程考畧

烏卜山　在縣西北二十里紹興府志

禾山　在縣西北二十里謝靈運云山海經有浮玉山北望具區今餘姚烏道北禾山與具區相望即浮玉也名勝志

山海經云浮玉之山北望具區苕水出於其陰北流注於具區謝康樂云浮玉之山在句餘東五百里便是餘姚縣之東山不應入海具區今在餘姚烏道山北何由北望具區此節本脫文難解然本文並無禾山而烏卜亦非烏道不知何緣傳會之也夫苕水所出乃天目山也餘姚無苕水則無浮玉明矣舊志

案永樂紹興志禾山作何山未嘗牽合於鳥道也至名勝志則直以禾山爲浮玉矣然水經注已誤繫苕水於姚江又何怪後人之傅會禾山爲浮玉乎

東山　在縣西北四十里亦借名謝太傅者也或云安石亦嘗遊寓焉未知然否然安所隱之東山則非此矣環余支汝仇二湖閒三五十里旁多支山其最名者曰雞鳴山曰杏山曰茅山曰牛屯山相去數里許皆以雞鳴爲宗其東巖最勝林壑茂邃巖嶠崎嶇多奇有夏公磐又有滕琪磐有恠松枝柯拳曲狀若虬

龍紹興府志

案浙中郡縣凡有東山者皆援引文靖不獨餘姚也餘姚東山有三一在四明一在上林井此而二近時撰東山志遂確指此山爲文靖所遊寓矣然此山居汝仇湖之濆牛屯杏山開前明謝文正之故居在焉風流輝映固不讓於文靖則此山當以文正而著不必援引寓賢爲重也東山志徵述漢唐宋故實語多傅會不足爲據惟所疏支山可備一鄉之圖經今約舉於後

鞍山在東山一都迤東曰康山又東曰徐嶴嶺嶺之

南曰童家山曰牟山北曰今山迤東曰鷹山又北曰羊壘曰青山曰犀角峯曰稚山在余支湖東者曰華嶺嶺之東曰榜山西北曰象鼻山東北曰箭山其在東山二都者曰洪壘嶺有高峯曰大雲峯北有太陽峯嶺之西曰宣郎壘東南曰瘞雉山南曰謝公壘東北曰睡象隴北曰牧家嶺迤西曰洪谷西北曰汪壘迤東曰阮漕嶺又北曰滕琪峯曰絳溪嶺曰石眺山曰琴山曰九龍山曰赤嶺迤西曰馮壘其在大湖門者曰龍首山曰石山曰笠山曰瀛山其在汝仇湖之西南者曰雞鳴山西曰牛屯山曰隊家山曰駱家嶺

日正覺山其在汝仇湖之西者曰西眺山曰茅山曰余季墩曰洹湖嶺曰桃花嶴曰寺山曰杏山采謝起龍東山志

〔明〕謝遷歸田稿牛屯莊詩〕白石嵒嶢綠樹垂雨中煙景淡還濃遠雞報午遲郵鹽靈谷古晴急曉鐘苔徑行蹤雙屐補竹窗吟料四山供勸農喜見循良令匹馬西來一鶴從〔馮蘭雪湖集聞木齋過洹湖嶺見訪詩〕軒車忽過草堂開草草春筵盡此杯花惹蟲絲垂碧落鶴翻松粉灑蒼苔閒情自與煙霞契短髩從教歲月催公在山南我山北不妨健步歷崔嵬

鶯山　去縣西北五十里萬歷舊志山有石壁相傳鸚鵡從壁間飛出因以爲名邑志誤作鶯湖經省作嬰其南爲獅山謝起龍東山志

老寨山　去治西北五十里有嶺曰歡喜嶺萬曆舊志山在臨山衛城西門外衛城內有山曰倉山曰方家山其在北門者曰廟山迤東曰虹蜺嶺曰羅家山臨海者曰鳳山在南門者爲龜山又南爲余家山采謝起龍東山志

姚邱山　在縣西北六十里周處風土記云舜生於姚邱嬀水之內今上虞縣東是也太平寰宇記

右江北之西北諸山

以上諸山俱在江北

四明山　在縣南一百十里高一萬八千丈周圍二百

十里名勝志

會稽地記云縣南有四明山高峯軼雲連岫蔽日孫綽天台賦序云涉海則有方丈蓬萊登陸則有四明天台太平寰宇記山四傍皆虛明玲瓏如牖故名奉化鄞縣諸山皆此山之分脈也嘉泰會稽志此山之脈雖明州以此得名而此山乃在會稽之餘姚也元一統志山二百八十峯西連上虞東接慈谿南接天台北包翠竭中峯最高上有四穴若開戶牖以通日月之光

故號四明司馬紫微曰第九四明洞天名曰丹山赤水其初總名天台山後劃天台而別爲四明一名勾餘山山海經曰勾餘之山無草木多金玉郭璞注今在會稽餘姚縣南勾章縣北晉地理志曰餘姚有勾餘山在南至唐書地理志則易以四明今二縣相界別無勾餘晉唐之志二名亦不竝列固知爲一山矣王應麟七觀曰東有山曰勾餘實維四明是也但今山於餘姚勾章皆在南而郭云勾章北者指當時故城而言也四明山志

案勾餘改稱四明舊志未詳其始邈藏有梅福四

明山記疑漢時已有此稱然道藏語多傅會不可
爲據惟樂史引晉太康地記作縣南有四明山則
晉初稱爲四明確有明證矣丹山圖咏謂秦將王
鄣驅山塞海於此李思聰危素遂謂秦時百靈勞
役奔入此地因名鬼藏山此道家無稽之言不足
與辨也元和郡縣志作山在縣西一百五十里寰
宇記作西南一百里嘉泰會稽志作縣南一百一
十里永樂紹興府志作縣南一百里方位里數互
有出入惟嘉泰志爲得其審
石窻　上名大俞山南有石室高五尺深倍之廣如深

而六之中界三石分一室而爲四其謂之窻者俯臨無際自下望之猶樓之有窻也謝遺塵云有峯最高四穴在峯上每天地澄霽望之如牖戶相傳謂之石窻即四明之目是也謝康樂山居賦注四明方石四面自然開窻窻固有四總在一面以四窻爲四面康樂亦據傳聞未嘗親見耳四明山志

〔明〕汪禮約四明遊籍石窻遠眺詩探石訪仙都凌旦越石壁崩崖亙重阻高標起靈宅藹藹雲霧扃奕奕瓊瑤坼乘山罕禹功遥驅無滿蹠寶笈秘神工蒼茫落南極邈矣帶地川高哉負天石月竟三島覽日晃五湖偪酣霞帶澗紅出雲繞空白依依寡人徒恍恍慄心魄栖巖企昔賢入谷想今客異物狀珍怪靈蹤隱仙籍問道無貞心百年鮮良覿何當解世羈躡屩從所適

案四明因石窗而得名其地實在餘姚大俞則四面諸峯固餘姚之分支也名勝志謂由餘姚入者曰西四明由奉化雪竇入者竟曰四明是直不知有主峯矣前賢四明山詩及皮日休陸龜蒙九題詩今並載入藝文惟專咏一邨一壑者仍分綴於後

鸑鳳巖　在石窻之左有方石高一丈闊一丈磨崖刻漢隸曰四明山心成化浙江省志

案四明山志作屏風巖以鸑鳳爲聲訛據嘉泰會稽志則屏風巖别屬白水山不在大俞郁也惟名

勝志作騫風誠爲訛字耳

殺羊巖 在石窻之右成化浙江省志石壁數里與溪流相映相傳仙人刲羊漬血爲此然根於鴻致是丹山赤水之證也四明山志

障鳳巖 在石窻前成化浙江省志

韓采巖 在石窻後同上〔元〕戴表元剡源集韓采巖詩洞深烟樹碧氤氳只采靈苗不采薪問著蹤由多嬾說相逢莫有姓韓人〔又〕晚投韓采巖詩冬日寒難暝巖溪淺易氷猿飛紅果嶂人度白雲層望屋多依竹逢樵半采藤艱難吾甚厭何處學孫登〔四明山志〕鐵充之詩寒草崖前春色稀桃花無數映清溪吾行已到仙家窟不比漁人此路迷〔姚江逸詩〕明楊珂遊四明盤桓韓采巖詩雅性耽幽寂仗錫遊四明山深多麋鹿古路無人行雲締

見峯影松際飛泉聲荒林滿黄葉落日寒風生越溪復登嶺列石多縱横仙巖采名藥繽紛皆落英願言躡奇踪九轉還丹成

案四明山志云寒草巖俗訛爲韓采巖而別出寒草巖於東面非也夫韓采寒草誠爲一巖至定作寒草則徒據鐵充之詩耳然省志府志俱作韓采以詩而論則前有戴表元後有楊珂亦俱作韓采充之一詩單詞孤證不可據以盡改諸書也

大蘭山　在縣南八十里又名昇仙山劉綱夫婦於此仙去故名元一統志

山多青石剖之皆有七竅故名孔石山頂平廣俗呼

爲走馬岡四明山志

樊榭　劉綱同妻樊雲翹從白君得仙術登大蘭山頂仙去遺履山下化爲臥虎後人就近立祠宇以奉其祀其樹曰樊榭丹山圖詠序

鹿亭　梁孔祐居樊榭有鹿中矢來投祐祐爲豢養愈而後去故建鹿亭志名勝

（元戴表元剡源集仙山詩）仙在人間不易尋當時已道是山深可憐華表標題後夜夜猿啼楓樹林（又大蘭山詩）七里黄泥紅樹岡西風果熟一村香居人只道山深好七百年來是戰場（明沈明臣豐對樓集遥望樊榭詩）雲翹有遺榭言寄五霞中五霞縮天地照耀金銀宫日月飄珮纕步摇鳴天風虹蜺作高梁白榆樹前墉粲粲啟玉齒言笑陪仙翁豈邀蓦綠華相往遨窈峒或引蕭雙成騎鳳凌八鴻飃言蜕凡骨下

汝以相從颯然同風至聕睞空鴻濛（又鹿亭詩）孔祐今何處空山有鹿亭路生迷宿草天遠落寒星春雨茸茸綠烟峯漠漠青放麛嗟往事深竹故啼猩

國朝（高士奇獨旦集樊榭詩）劉樊成道後白日竟飛昇故榭依然在仙梯未可凌怪松擎雪峙危石帶雲崩欲問棲真處東峯第幾層（全祖望勾餘土音鹿亭詩）我愛孔高士至行通明神古人誇放麛未足比深仁應憐百年來山[illegible][illegible]白雲洞天遭勞攘空亭委荆榛

右四明主峯

伏龜山　在石窗西（四明遊記）

其山狀如雞子有三朵五朵峯出沒烟靄中三朵即羊額嶺上之三台峯也五朵即芙蓉峯（四明山志）

白水山　在縣南六十里山有瀑布有屏風巖下爲潭

旱應禱嘉泰會稽志

飛瀑注壑奔揚滂沛數里之內時有霧露霑人所謂潺湲洞也劉綱夫婦學道於此山之左右曰石屋曰雲根其流爲洗藥溪亦名紫溪四明山志

洞下爲過雲巖有雲不絕者二十里民皆家雲之南北每相從謂之過雲其南爲雲南其北爲雲北成化浙江省志

（元詩彙施鈞白水宮詩）萬壑歸源瀉石湫洞天名不下瀛洲聲聞大地玉龍吼勢撥碧空銀漢流道院晝陰微雨集元壇秋冷濕雲浮山翁指點青松外曾見仙人跨鶴遊（明王守仁陽明文錄白水山詩）邑南富巖壑白水尤奇觀興來每思往十年就兹歎停驂指絕壁涉澗緣危磴百源旱方竭雲際猶飛湍霏霏灑

林薄漠漠疑風寒，前聞若未愜仰視終莫攀石陰暑
氣薄流觴澗迴瀾茲遊訢槃樂養靜意所關逝者諒
如斯哀此歲月殘探幽雖得所避時時猶難劉樊古
方外感慨有餘歎（又）千丈飛流舞白鸞碧潭倒影鏡
中看藤蘿半壁雲烟濕殿角長年風雨寒野性從來
山水癖直躬更覺世途艱卜居斷擬如周叔高臥無
由比謝安（沈明臣豐對樓集）潺湲洞詩古潺湲吹古雪
倒捲入銀河月色兼秋動山聲入夜多雲來濕不去
虧疾響難過枕石驚還起天風摧大波（汪禮約潺湲
洞詩）霏霏烟織翠沙雨風珠璣迸作千年虹鳥聲不到
春山空像忽七日開鴻濛蒼水使者乘龍死玉簡金
繩秘不啟爲看今日逍遥事水蕭蕭兮石齒齒
國朝（高士奇雲北詩）峯多雲亂起幂歷滿山陰曳竹
烟中碧籠花月下深嵓門底老特隔塢語春禽活活
鬭泉響分來自遠林（盧存心潺湲洞詩）大波掀濤瀾
聲振林木動訢知咏詩奇逆出潺湲洞萬竅爭雲門
一脈出烟霧沫連秋葉飛響帶夜
雨送山中人熟眠驚破遊仙夢
案舊志以過雲屬雪竇以雲南爲奉化雲南里以

雲北爲桃花坑皆無確証四明山志惟以杖錫山刻過雲二字從而推言耳然山中鐫石多係遊人妄刻如杖錫西巖有石刻瀑溪洞三字然瀑溪洞實在白水宮豈可據石刻而移之入杖錫乎山川不能語要當徵於舊聞元曾堅丹山圖咏序曰雲氣覆冒於中凡二十里不絕名曰過雲南曰雲南北曰雲北有峯曰三台曰屏風曰石屋曰雲根石屋雲根間有瀑布如懸河旁曰瀑溪洞是過雲當起於白水而峯曰雲根亦與雲南雲北之義相映發可証成化省志以過雲屬餘姚者爲不誤也黄

氏九題考語多新創其難據者莫如鞠侯嶺夫九
題之名何昉乎昉於謝遺塵之言也遺塵固曰有
猿謂之鞠侯不曰有嶺謂之鞠侯奈何誤信妄刻
以奉化徐𣈆巖當此名哉原遺塵之意以石窻鹿
亭樊榭潺湲洞爲名蹟以過雲雲南雲北爲靈景
以鞠侯青櫺子爲物産本顯而易明今欲各求其
地以當之又豈能悉爲覈實哉黄氏嘗有詩云鞠
侯長嘯歸烟霧木客深秋話廢興則猿爲鞠侯在
黄氏又未嘗不自知之矣

羊額嶺　崇寧間進士孫彦溫鑿險通之神異記曰餘

姚虞洪入山采茗遇一道士牽三百青羊飲瀑布水曰丹丘子也山中有大茗可以相給他日甌犧之餘幸不忘也洪因立茶祠是後往往得大茗此嶺之所以名羊額也舊志以爲劉樊乘羊過此杜撰甚矣四明山志

元戴表元剡源集羊額嶺詩兩頰稜稜額下分更無坳處可藏雲西風怕奪行人眼蕎麥滿山鋪錦雯

案舊志引劉樊乘羊之事固不見載籍四明山志引神異記亦未免傅會據戴剡源集則嶺之得名當由於象形耳

丁山　在白水之南爲入四明徑與烏膽山相對僅百

武名勝志

東山　在縣西南三十里古今圖書集成職方典

此謝文靖所居之東山也今以上虞東山爲文靖所居者非葢在上虞者謝元所考卜在此地者文靖所棲遲按康樂山居賦注余祖車騎建大功淮淝及太傅既甍解駕東歸經始山川實基於此若是文靖故居則車騎踵武安得云經始耶此文靖東山不在上虞之證也高僧傳曰支遁經餘姚塢山中晚年猶還塢中語人曰謝安石昔數來見輒移旬日今觸情舉目莫不興想宋樓扶曰過姚江而南村以許稱郎元

度所居里史言文靖寓居會稽與高陽許詢桑門支遁出則漁弋山水入則諷詠屬文此山與支許所居密邇與史符合可證文靖之東山非異地矣且其地清賢嶺謝公嶺無不以文靖得名舊經云梁徵士魏道微修道得仙於謝公山而杜光庭福地記云四明山在梨洲魏微上升處又足證文靖東山之在四明也四明山志

有洞面臨大溪屈曲如羊腸相傳洞尻與海通洞上巨石若巖巖下一石似戴而立亭亭平野望之有千載寂寥之意萬歷舊志

（宋詩紀事）孫子秀遊東山石洞詩（詩）穹石丹崖出攢峯，萬壑迴古苔陰洞寂新雨綠波開渡絶移叢篠飛春泛落梅東山有夙向且盡手中盃（明萬歷舊志）楊珂（詩）石洞開奇竅相傳與海通不知流水去何日到龍宮

東明山　在縣西南五十里　大清一統志

案萬歷府志作四十里山爲四明水口

石井山　亦名建峒嶴有石屋有石蝌泉其嶺曰謝公以安石得名建峒產茶而謝公嶺爲名品　四明山志

白雲山　在縣西南六十里　嘉泰會稽志

唐僧巘雲誦經每日有白雲覆屋　方輿路程考畧

案萬歷舊志作去治四十五里

太平山　在縣東南七十里輿地志云太平山山形如繖四角生一種木一角純櫲一角純梓一角純楮一角純楩有道士舊築居山上自非潔齊不敢至焉太平山有三一在會稽一在上虞一在餘姚而餘姚之山最著謝敷居太平山不著何所其所居恐卽此梁杜京產居日門山亦太平之別名也嘉泰會稽志

山有錬丹石三一方石一圓石方石岑起下施支石相傳爲吳于吉之石室有書曰太平青籙因此山也

元末劉履避地此山注補遯詩四明山志

〈浙江通志〉〈晉孫綽銘〉嵬峨太平峻踰華霍秀嶺繁綺奇峯挺鍔上干翠霞下籠丹壑有士宜遊默往寄託

蕭形枯林映心幽漠亦既覯止渙焉融滯懸棟翠微飛宇雲際重巒蹇嵯回溪縈帶被以青松灑以素瀨流風停芳祥風停靄（古詩紀）孔稚圭詠石險天貌分林交日容缺陰澗落春榮寒巖留夏雪

菁山　與太平相連故姚江初出曰菁江（方輿路程考略）

黓山太嶽山釣臺山寶蓋山蓮花山入上虞境

右四明西面七十峯總名犇牛瀧

聚粒山　在縣西南十五里（古今圖書集成職方典）

羅壁山　在縣南十八里有虞國墅郗家池（紹興府志）詳見古蹟志

其巔有龍門洪武五年九月邑人宋無逸昆山顧雲屋登高賦詩於此（四明山志）

〔明〕宋信庸菴集九日登羅壁山詩 玉山有客尋佳處金谷何人比此山溪閣幽居青樹裏風風泉遠落白雲閒燈明春夜看圖畫地主風華集珮環隔水桃花深幾許洞門斜日未須關

方家山 在縣西南二十里 弘治紹興府志

靈源山 在縣西南三十里有泉曰靈源故名 嘉泰會稽志 以許元度所居里名曰許村宋樓扶曰靈源面烏膽一峯高入雲表元方九思曰過許村之靈源與茲嶺行青烟中山遠而平溪清而繞四望如碧蓮葉 四明山志

烏膽山 在縣西南三十里峯特秀望之如筆航海者視爲指南 萬歷紹興府志

案嘉泰會稽志作四十里山與上虞接

隖山　在縣西南十二里支道林自剡移居於此永樂紹興府志

清賢嶺　在縣西南三十里塢山南晉謝安支遁許詢數往來焉浙江通志

殿山　在縣南十五里紹興府志

大小雷山　在縣南二十里相傳云神仙所居獵者汙觸之輒震雷方輿路程考畧

四明之大雷峯有三陸龜蒙言謝遺塵隱於南雷不言隱於大雷唯餘姚雷峯之下名南雷里其可證者宋之會稽志晉咸寧間南雷廟碑是也且大小雷峯

在餘姚邑南故曰南雷若大雷之在鄞在奉化者皆邑西於南雷無所取義矣有怪溪潭相傳溪中有怪一僧嘯指書南無二字於石壁怪遂不作有鹿巖其下石壁互空欲墮飛瀑若巨絙縛之有石洞在旁未有窮其勝者 四明山志

明沈明臣豐對樓集南雷懷謝遺塵詩居士青雲人元風邈難嗣白日空山高令人起遐思春花吹野桃開落知何自流泉日夜流石壁拄不住深樾有啼猿斯人渺何處高吟皮陸詩風吹響天際

國朝張炯曙不已齋集易怪溪為快溪詩夕陽倩女費疑猜抉石丹書安在哉從此溪流滿清快野人臥穩白雲堆

桃花嶺 在縣南二十里下有大桃樹約數圍 明一統志

菱湖嶺　在縣南五十里其嶺特峻語云事好省莫上菱湖嶺方輿路程考畧

雲笈七籤曰第六十三福地菱湖漁澄洞在古姚州即餘姚之菱湖也元王孚避地於此四明山志

雲頂山　在縣南十九里宏治紹興府志

由竹山西南十里曰谷家尖東二里曰斗門山雲頂山又東三里曰延壽嶺又二里爲白龍潭泝潭而上深入三里許羣峯排列如嶂中頗平溪流環界有方若臺者曰涵水臺萬歷舊志

蓮花山　在竹橋四明山志

黄箭山　在縣南二十里有龍湫舊浙江省志

化安山　在縣南二十里嘉泰會稽志

古謂之剡中有攧水其流懸空而下有石隔之分爲二道各十餘丈滙爲池曰噴珠池瀑流之上有草亭宋元嘉中兖人李信所建有鰲峯俗名開口巖有道巖在山頂如石塔有石湫有化安泉水口爲剡湖謝遷曰山水所滙以其景物之勝似剡溪也四明山志

〔四明山志〕明黄尊素詩越嶺尋幽處行行幾曲涯忽驚途欲絶數轉地逢奇峭壁當空出飛湍帶石移難將戴顒手書出景淋漓

三女山　其出爲藍溪自龔村會大蘭三十六嶴之水

而錫溪黃竹浦注於江元戴九靈所謂藍水碧可通

蜀山青忽擁者指此也同上

烏石門入慈谿境石壁對起十丈其闕劣容數尺門之外爲水簾門之內爲石鼓曰抱子山曰大𡸣小𡸣謝靈運所謂二𡸣也曰篁溪自小嶺至宅山入江舊志

右四明北面七十峯總名入囊山

大隱山戍溪山黃墓山車廐山謝山大雷山翠巖山蜜巖山天井山宅山入慈谿鄞縣境

右四明東面七十峯總名鶩涙山

雪竇山大梅山徐凫巖隱潭大小晦山丹小山梨洲

山入嵊奉化天台境

右四明南面七十峯總名驪羊山

南黃山　在縣西南五里紹興府志

許家山　在縣西南五里方輿路程考畧

丁山　在縣南十里通德鄉舊志載治東三里有爲人力所成者曰麟山今圯

右三山不與四明相屬

以上諸山俱在江南

餘姚江　在縣南一十步源出上虞縣通明堰東流十餘里經縣入於海江闊四十丈潮上下二百餘里雖通海而水不鹹嘉泰會稽志

源出太平山上流至上虞縣六十里下流至慈谿縣九十里元一統志

姚江亦曰舜江以虞帝得名初出曰菁江江濵舊產蕙又曰蕙江名勝志

宋王安石文公集泊姚江詩山如碧浪翻江去水似青天照眼明喚取仙人來住此莫教辛苦上層城又軋軋櫓聲急蒼蒼江日低吞行有定止潮汐自東西又菁江晚望詩村落蕭條夜氣生側身東望一傷情丹樓碧閣無處所惟有溪山照眼明浙江通志僧曇瑩姚江圖沙尾鱗鱗水退潮柳行出沒見漁樵客船自載鐘聲去落日殘僧立寺橋明孫陞詩兩霽青山翠欲浮商人邀我恣行遊烟隄繚繞鶯啼樹雲水縈迴鷺立洲形野已增瀟湘感江花更喚杜陵愁且折酩酊未歸去落日微風共泛舟王穉登客越集舟過姚江二首詩白雲丹嶂路盤盤千里都從枕上看何必雪中堪訪戴青山五月自生寒又日日清江日日

山看時曲曲聽潺潺誰言江水如衣帶不繫鄉心一夕還

姚江導源太平山及菁山過斷溪初出爲菁江西流至於上虞通明壩新河注之新河即運河東迴北轉過曹墅橋牟山湖諸水入之牟山湖諸水流爲長泠河過西横河東南流過馬渚又南至曹墅入菁江又東名慈江過蘭墅橋出南分爲蘭墅江姚江又東過六浦橋出北分爲候青江姚江又東穿兩城閒過通濟橋又東至竹山潭蘭墅江進蘭墅橋東南流至龍舌清賢嶺以西諸水豎玉山之水皆來入之清賢嶺諸水北流至羅壁山又北過長豐橋又北至沈家閘與豎玉山之水合豎玉山之水北流過石婆橋又北至沈家閘兩水合流至龍舌蘭墅江又東南過戰場橋鴈嶺

以南之水入之蘭墅江又東過橫涇橋湢水臺諸水谷家尖諸水皆來入之湢水臺諸水北流過第四保折而西至檀樹灣與谷家尖諸水合谷家尖諸水北流過隱鶴橋入檀樹灣二水合流至橫溪橋蘭墅江折而北出竹山橋復與姚江合候青江進六浦橋東北流過武勝橋汝仇湖以東諸鄉之水入之汝仇諸鄉之水南流過小里堰又南過盧方橋又南過太平橋分而爲二一出六浦橋入姚江一出武勝橋入候青江候青江又東經後橫潭燭溪游源諸水皆來入之燭溪之水東南流至雙河與游源諸水合游源銀塘諸水出爲制河至雙河兩水合西南流過東橫河又西南過石堰又南過客星橋至後橫潭入候青門候青江又東附子黃山二湖以西諸鄉之水黃淸堰之水低塘之水皆來入之附子黃山二湖之水南流

過梁家堰又南過洪家橋又南過景家橋東南流至鮑家潭出史家灘入候青江黃清堰之水西南流過礶山堰又西南至潮堰低塘之水東南流過馮家閘又東南過湯家閘又東南至潮堰與黃清之水合流過朱堰橋又南過俞家橋至鮑家潭與附子黃山之水合候青江又東過福星橋折而南出黃山港至竹山潭復與姚江合穴湖諸山之水北來注之穴湖諸山之水南流出射龜橋至竹山潭入於江馮姚江又東過郤家渡桐下湖水入之又東折而西又折而東爲鹹池滙過姜家渡黃箭山之水入之又東過三江口黃竹浦之水入之慈谿三十六嶴之水北流至乾溪又北至陸家埠名藍溪又北名洋溪折而西過花門渡白鶴橋又北出黃竹浦入江擴水北流過化安山又北過剡湖嶴東分爲二流合於剡湖又北過南浦與藍溪會出黃竹浦又東過蜀山陸游入蜀記過楚中一山以爲極似

餘姚蜀山又東過丈亭折而南過車廐此下入寧波其支水不詳載又東過西壋又北至定海蛟門入於海

北城內通潮者三　一自候青橋東北入東水門南七十步折而東至東城址復折而南稍西至合寶巷口而止又南二十步折而西過金沙井衖可七十餘丈又南五十步折而西過公館後可六十餘丈又南一百五十步由小秘橋而南三十步分流東西西者不過數武東者可三十餘丈相傳名清風港南城西門外亦有名清風港者此則在民居中漸淤塞矣又自小秘橋而西過公館前秘圖橋橋西側分流而南舊至城隍廟門外西受秘圖湖

及縣署之水水由廟二門內東流入河今自廟北可三十丈許已佃爲民居僅留小溝通流驟雨則彌溢衢路又自秘圖橋西過桐江橋至新橋自小秘橋至新橋一帶名桐江蓋取桐江一絲之義一自侯青橋西北入西水門南五十步折而西過拗橋至閟武場西城趾昔時東西通外河後築城流遂絕中有分流直北三十餘丈折而西可六十餘丈其西流者亦在民居中又南折而西入後新橋可六十餘丈又南過新橋合桐江之流昔東水門之水西流西水門之水東流合於秘圖山北麓今西流漸淤多合於新橋矣一自舜江入東水門北過孫埭橋與東西二水門之流合於龍泉山東麓昔合於新橋南可二十餘丈今南河多瓦礫填塞北水漸向南

流矣

南城内通潮者六一自通濟橋西南入右達水門進大黃橋至呂文安宅折而東一自右新水門進小黃橋過樹橋遶南城址折而東一自戰場橋分派而北稍西進南濵水門至於新河亦名秋風浦一自通濟橋東南入左通水門進石龜橋抵欞星橋南五十餘丈折而西經保慶廟直與右達水門之流會又自保慶廟東分流南通新河過新河橋與右新水門及戰場橋南來之水俱會於南濵水門内一自東泰門南下有潰湖自姚江南來西入演過紫金橋而止昔此水西

入儒星港今近西數十丈已圯　一自東南九曲水由
然成衢亦不知塞於何時也

西天浦入巽水門詰旋而西經陳光祿勳園北會於

儒星港　宏治以前此水自東南來直趨儒星港西入泮池嘉靖間東南巳塞不復入泮池矣後以城故復斷其流萬歷丁酉遂議開巽水門　又儒星港潮舊直進泮池西至

向家池而止　以上俱據舊志

姚江潮汐

初一　初二　初三　十六　十七　十八　子午漲　卯酉退

初四　初五　十九　二十　丑未漲　辰戌退

初六　初七　初八　廿一　廿二　廿三　寅申漲　巳亥退

初九　初十　廿四　廿五　卯酉漲　子午退

十一　十二　十三
廿六　廿七　廿八　辰戌漲　丑未退

十四　十五
廿九　三十　巳亥漲　寅申退

餘姚江之潮汐有稱初一十六辰戌漲丑未退云云者此疑指明州而言若姚江則子午之説近是今核之吳亭壽論潮書似相合蓋四時潮汐早晚微有不同也（紹興府志）元吳亭壽答嚴崟論潮書坎本月之體月本水之精月與水一而已矣月一晝夜凡一加午故潮一日再生月一日退天十三度十九分度之七故潮日遲於一日所以初二之潮晝遲而入十八之夜十八之潮夜遲而入初三之晝也一月之間生明生魄潮亦再盛焉生明之潮則是前月二十六長水謂之起信歷晦朔至月三日謂之大信初四潮勢漸殺謂之落信歷上弦至月十日謂之小信初生魄之潮則自十一始長歷望至十八而盛自十九始殺歷下弦二十五而衰其起落大小之信亦如之天

下之至信者莫如潮潮生落盛衰各有時刻故曰潮信月於一月之間漸遲而縮一日潮於兩信之內漸遲而縮兩潮秋月最明秋潮最盛亦其理然也或曰月之說然則潮之候亦宜月半以前由微漸大月半以後由大漸微今乃於明魄之生兩盛焉何哉曰月一月一週天而一日之內則一加子一加午者也潮於月加子午之時一日再至故亦於月生明魄之日一月再盛月之一潮之再若不相似而實相感召非深於理者未易語此潮晝夜再上杭人有爲詩括之者曰午未未未申寅卯卯辰辰巳巳巳午午朔望一般輪此晝候也初一日午未初二日未初十六日如初一夜候則六時對衝其大概如此若大交澤起水大小之度則四時不同春三月初一十六午末大夜子正初二十七未初大夜子末初三十八未正大夜丑初初四十九未末大夜丑末初五二十申正不岸夜寅初初六廿二寅末漸小晚申末初七廿二卯初漸小晚酉初初八廿三卯末漸小晚酉正初九廿四辰初小晚酉末初十廿五辰末交澤晚戌正十一廿六巳初起水夜戌末十二廿七巳正漸大夜亥初十三廿八巳末漸大夜亥正十四廿九午初漸大夜亥末

十五三十午正極大夜子初秋與春同夏初四十九
夜丑正初五二十申初下岸夜丑末初六廿一寅初
下晚申正初七廿二寅末小晚申末初八廿三卯初
小晚酉初初九廿四卯末小晚酉正初十廿五辰初
交澤晚酉末十一廿六辰末起水夜戌初十二廿七
巳初漸大夜戌末十三廿八夜亥初十五三十午末
大餘亦同春冬初一十六夜子初初二十七未正大
初三十八未末大初四十九申初大初十廿五夜戌
初十二廿七十三廿八夜同夏十四廿九夜亥
正十五三十午正漸大夜亥末餘亦與春同

餘姚志卷四

知餘姚縣事唐若瀛修

津梁

通濟橋　在縣南一十步舊曰虹橋嘉泰會稽志江橋傍有碑云海船過而風帆不解其高大可見今名通濟橋永樂紹興府志橋在邑城南門外折而東三十步許宋慶歷間令謝景初始用木跨江橋之名曰德惠尋壞崇寧五年邑人莫若鼎復建建炎三年金兵焚之紹興初令蘇忠規復建淳熙五年燬七年司業王遂復建咸淳三年

壞王籍王應龍復建易名虹橋德祐二年張世傑焚之入元載建載壞葢浮橋云僧惠興請作石橋道士李道寧繼之至順三年橋成下爲三洞名曰通濟明萬歷九年南洞圮邑人侍郎邵陞爲倡修之萬歷舊志

雍正四年橋圮九年重建浙江通志

元韓性重修通濟橋記至順三年餘姚州通濟橋成餘姚岸北爲州之理所按宋圖經姚江在餘姚縣南十步橋曰德惠郎今橋是也建炎中廢縣令蘇君忠規率十五鄉民重建至淳熙戊戌而壞司業王公逖方里居捐貲以創巨木五接架空負石勢若虹偃暨歲百餘至咸淳而壞司業之孫王籍曾孫應龍復創建爲壯偉加於昔易名虹橋建十年而燬縣人職方縣尹杜君仲仁進王氏子孫而諭之曰此君先世義事也不可不勉於是應龍即舊址經營其族人壽湘等相繼盡力至元二十年九月橋成未繕欄楯縣

丹夏君杞使邑人趙孟嵩等助成之至延祐六年九月而壞行者藉舟以渡當是時餘姚既陞爲州同知州事夏賜孫率州民造浮橋屢修屢損人以爲病有僧惠興言於官請作石橋爲永久利州官許之經始有緒而僧亡州判官牛君彬恐遂廢迺命羽士李道寧繼其後且捐己俸爲倡而力董之會奉議大夫監州拜住奉議大夫李侯恭來知州事與同知州事怗木耳不華貫策判官張志學唐備吏目陳天珏沈思齊咸勸成之至是而石橋成名之曰通濟風帆浪楫停潮依汐鱗居通闤東西相屬橋之名遂冠東浙非特一州偉觀而已道寧於橋傍浚井以利汲又爲通濟道館以居其徒又爲屋二十二開積其儲直以爲修橋之用州之人士疏其本末至山陰澤中使性爲之記夫涉險生民之甚病聖人有作取象於渙而舟楫之利興水潤梁成著於夏令造舟爲梁周制畧備矣安固而支久莫愈於聚石特其費爲重而成之爲難餘姚爲州西抵越東適句章江界其中郵傳之所出入行旅之所往來日憧憧焉江之有橋不可一日少也自建炎至今二百有餘年乍而成成而倏壞當其壞時顧盼于里資於舟艤不能無蹴踏傾覆之虞

浮橋少便矣然而波濤日涉纜絶艦解邑人疲於營繕繼材置枋始若堅密淋炙之不勝朽敗踵之猶浮梁也惟聚石之利人之所知必有待於二百年之久不以其費之重而成之難乎今山林之人不難於勞遠近聞者不難於施亦惟長民者有以勸成之也此人士之所欲記也興工於天歷二年四月閲二年而訖工橋長二十四丈其高九十六級下爲三洞用人之力餘三萬六千石以丈計者大小一千八百鐵以斤計者餘二千五百竹以束計者四千五百貲可謂重矣計其大畧庶幾後人知其費之重而成之難修葺之儆資之不足則協力而助俾勿至於大壞安固支久之利式被無窮此又人士之所欲記也至於成壞之歲月後之修郡志者所欲考并記之

明邵陛重修記

姚治瀕江江亘二百餘里而通濟橋横跨其上蓋山水之要衝明越之孔道也元至順閒始建以石迄今三百年歲久數圮嘉靖戊午倭内訌始成江南城夾橋垣以石楔者四不勝震撼至萬歷庚辰南洞乃大圮行旅艱之余因出五千緡而屬南京兵部提領徐倫董其役經始於壬午之八月迄成於癸未之正月又置鐵絙長數十尋於南洞兩傍率有急可緪

而上是役也邑大夫丁侯秉乾用事於上而徐君佐貲輸力於下故以三百年將墜之緒數萬人難就之功非假庸於白徒藉貲於勸募不憚寒暑而告成事何其神哉

國朝（總督李衛重建餘姚通濟橋碑記畧）利涉莫便於橋故水涸成梁詳於夏令禮中關梁之謹吏埀不梁之戒所係綦重況在東南水鄉尤不可缺姚邑城南有通濟橋跨於大江爲西抵曹娥東達寧郡郵傳往來之路雍正四年橋圮頹石橫臥江心徒步舟行兩失所邑令募工發石甃建木橋稍通來往然當秋濤洶涌水道紆迴驛傳要路終多病涉令與邑中人士會議重建石橋請依七年用糧每兩出助少許鄉城遠近無不欣悅惟恐後期興工於七年二月至九年仲春而橋成是役也用石計價一千五百有奇用大小椿架木計根二千一百有奇用鐵計觔約二千五百用人之力計工約四萬其橋較前增長二丈五尺計長二十六丈五尺增高十級計高一百六級下列三洞俱通舟楫在官未嘗苛取在民未嘗傷財而巖險可恃輿徒可通是爲姚人計深遠之一端也（知府顧濟美通濟橋碑銘）周制自都坰逮乎郊畺立官

師主興役驅見火覩期諸司里平逵塗斂阱竇障陂澤成津梁無不便於民故夏令志其時儆明受事之職爲政之要餘姚紹興郡東南邑雙郭縣峙大江中分洪流浩奔勢截子午城南門橋曰通濟綫石緪貫往來坦乘水浮闘既陸走台鄞輶軒傳符賈旅征宦繹繹孔衢縣人遂徵千募百朝負挈攜扶罔就窘步雍正四年春揵石隤圯平梁豁崩兩城劃張相望斗絕途子行旅徘徊望洋遂歌渡河以增永嘆墮石岝崿橫鋒江流觸沉艫艎咸用險患於是縣令葉君瑄文飭工徒石泊江南岸伐材構木置徒杠桴兩偏規利道路然衝波怒浪下輸委海秋潮汎騰谿淙谷湍纖鉅萬流交會滙瀦赴激疾瀾葳困夫舟杭頭之事聞制府制府檄下令必覩舊法以爲民適令名父老度財算計力役謀膠犖之制圖永底之業勤守分之務復百姓之便於其歲常賦外十用取一俾暨厥工衆惟允和遂上其議於省郡首己酉二月肇工迄辛亥二月凡三年始成穹崇贔屭蟜矢革𡙉礎闘砥平駢陛密緻偃虹孤綳離維遂令周行安大壯於上悍溯殺蕩突於下騎乘聯闐篙柁恬滔憧憧旋邁鮮遺阻艱邑之人樂蹈曩利以予方守是邦庶刻乎文詞

不沒其事夫國產美錦乘輿溱洧孟氏陋之伯都惟惠析里既橋續頌不康今序賢興校課田宇㭊曰且重亟若夫鼇毀治圮樹川梁以導津濟固罔不離於政其勤有司所宜先焉其民不惱於取樂從令以宏其功是以彰敦樸之俗忠厚之美考圖經橋建宋仁宗時南陽謝景初來爲令始斫木跨江渡行者名之曰德惠元至順中浮屠惠興以木久壞敗請於州判官牛彬史發以石而道士李道寧繼成其事乃易以今名銘曰姚江之墟俊遺邦豪滿峽束騁睨雙鯨濤振渡愁嚚訌蘭倉喋喋謳吟咷千夫伐木空枝椿如堰鉅石或聚矼陽侯怒裂青龍睒睢盱虬蝮隨遊龍河梁雨雪驚飛鬖盤渦翻旋淫瀕艭赤堇剖礎何麗麗黃金椎牛擊鼓逢三仟復我天路麗垂蛟倒飲東馳江洞門列扇鎖激撞亘城中夾貫高驄康歌騎徒樂負扛明星熠熠迴霄釭利兹姚人册置杠不騫永與三犀降

知縣葉瑄文重建通濟橋記雍正二年春

余承乏餘姚秋遭海溢漂沒廬舍居民奔救不遑仰荷　宏庥郵流亡蠲荒賦瘞斷骼逾歲稍輯則又繕築石塘幾閱寒暑而工成方謂姚民之福恃此舉也四年春二月六日旦邑之通濟橋傾巨石縱横怒濤

奔激爲行旅郵傳憂爰鳩工徙斷石於治西偏暫構木梁以濟夫以億萬人往來必經之路偷謀之不臧非救民者責哉集都人士圖建石橋則請以七年田糧每兩各出少許公溥而易從制府報可姚民投牒者相繼肇工於七年二月至九年二月而橋成望若巍聳實則坦蕩水陸利之橋之南北舊有舜江北固二城樓對起今復頹者葺廢者舉飛閣流丹綠波掩映長虹中跨體勢騰躍東浙之偉觀抑又姚民千載之福也入載以來若堤若城若橋歲興土石取次告成不又藉兹土者之厚幸哉監工典史邢明德董事貢監生員徐世傑韓三益陸烈陳夢炎徐世杲陸杰施有恩徐世桓李世傑沈汝昂谷昭度

知縣程明愫永禁江橋設市廛記建橋以利行也出姚邑南門東折數武有歸然隆起者曰通濟橋踞南北兩城而橫跨之聚會之處市利存焉始猶沿橋設市繼且比屋而居取徑廣不及尋丈往來病之歲癸巳予蒞邑數月悉其弊即率隸驅之使占之匾頓還舊觀夫姚邑闤闠四達海貨通闤市自古誌之又何庸占是橋爲且予不惜數十人之徙業而使百千人獲安步之慶所得不已多歟勒石以告後之守土者

勿聽其復蔭故智也

又南曰南門橋舊志

戰場橋　在縣南四里嘉泰會稽志

宣和二年睦寇犯境縣遣顧秀才徵所部鄉夫鑿濠龍泉山後寇乃取道鳳亭欲自南門橋入越帥劉述古率官軍百餘人克其衆數千於此故名明萬歷十五年圯里人史元熙盧公朝重修萬歷舊志

乾隆三十一年里人重修

〔明〕史元熙重修戰場橋記略邑南城而南一里許曰戰場橋循橋而南達於四明蜿蜒數十里層峯疊嶂民鮮墳衍率資樵采蘇樹以自給筐攜擔載踵接肩摩即溽暑凜寒而纍纍於橋之上者趾相錯也橋左

當西南溪谷諸水之衝霖雨信宿則淼漏而下奔騰澎湃趨橋而注之江萬歷丙戌橋圮余乃謀於太學盧君公朝君慨然曰是義舉也請盡撤其址之石若捷而闊之石加厚杙加密廣爲尺者二崇如之筴旣定相與諗諸封大夫中沚翁翁力從臾之余乃聞於縣大夫周公請約束公即斥贖鍰之羨二十緡且屬李尉布政令而程督焉於是諏日之良上石之備以次受直不數月而告竣長虹亘空江流無恙輿徒負戴嬉遊往來一升橋而寓目則綠疇蒼楚千頭一色複岫迴巒紫翠萬狀漁歌牧唱時與潮聲相響答隱然爲邑南勝槩矣

出南濱門外曰僊橋又一百三十步曰司馬橋又五百二十步曰楊溪橋三十里曰登明橋由此橋可登四明也四十里曰清賢橋六十里曰祠宇觀側曰觀橋白水山之下曰白水橋以上見萬歷舊志

橫溪橋在雙鴈三里韓敬之建　新增　起鳳橋在雙鴈鄉舊係洞橋乾隆七年改建平橋

右在縣南

東射圃橋　西射圃橋詳學校舊志未載

櫺星橋　在儒學東宋元豐元年莫當建嘉泰志作明星橋永樂紹興府志（按）乾隆三十五年重修櫺星之北曰石竈橋（按）乾隆六年重修自櫺星橋絕港而東曰紫金橋又一里五十步曰貢家橋永安橋五里曰竹山橋（按）乾隆十一年黃遂齡重修少南曰橫涇橋六里曰沙浦橋七里曰百年橋八里曰石碶橋傍有界石碶也少東北十二里曰赤石橋十五里曰隱鶴橋唐莫盛摛

鶴至此忽隱不見故云少南十八里曰江家橋二十里曰石公橋二十五里曰剡湖橋據萬歷舊志按康志有雙板橋新墅橋而無江家橋

剡湖之東曰鶴山橋曰上剡湖橋曰化安石子橋又東曰陸家埠橋曰界牌橋入慈谿界稍折而北曰南浦橋曰閘橋曰黃家竹橋又名黃竹浦橋據舊志

國朝鄭梁寒村詩過黃竹浦橋詩百里溪山盡畫圖
此中絕勝畫中無白龍勢動初離穴黃竹流迂細篆
符一代孤忠光史冊千秋大業走生徒
應慙廿載停橈客哀鬢西風只故吾

聚星橋在與水門外乾隆五年建　新增

右在縣東南

黃橋　在縣西南二百步水經云江水逕黃橋下注云黃昌宅橋也（永樂紹興府志按後橋分爲二曰大黃橋小黃橋）稍南曰樹橋出西門外跨清風港曰清風橋一百五十步曰待士橋四里曰藺墅橋（按乾隆二十九年楊輝祖重修）少南曰石婆橋十里曰長豐橋四十里曰驄馬橋（以上見萬歷舊志）

右在縣西南

孫埭橋　在縣西一十五步舊名孫浦橋（永樂紹興府志）出西門百步曰陸浦橋橋內有六浦受大江之水南爲仁壽橋（按乾隆三年圯後重建）二里曰白鶴橋橋成時有鶴回翔焉七里曰黃童橋二十里曰曹墅橋（按乾隆十二年重修）

稍北並於九功寺者曰九宫橋又北在茹壚之前者曰茹壚橋少左曰貫福橋又西南曰長慶橋又少東北曰賓公橋三十里跨馬渚者曰馬渚橋五十五里曰青龍橋曰跨湖橋自曹墅橋西二十五里曰界碑橋蓋雲樓界也三十里曰賀墅橋由新壩折而西曰江口橋都御史周如斗重建更名永思俗又呼爲新橋直上則爲通明矣自通明東十里曰西石橋入上虞界由新壩而南曰濟美橋周如斗建又西曰姚江西界第一橋都御史陳克宅建于尚書有年修以上見萬歷舊志

右在縣西

黄山橋　在縣東二里二百步一名永濟橋一名善政橋永樂紹興府志元至順間重修至正間復壞十九年僧自悅重建初爲二洞高危善敗明正統三年改爲三洞稍平之嘉靖三十四年倭寇自海上來遂毁橋明年議復建石趾而木梁排石其上爲平橋隆慶元年尚書翁大立架屋十楹其上易石以板萬歷二十九年燬於火里人毛伏諸起鳳等募金重建萬歷舊志康熙八年重修

元韓性重修善政橋記餘姚州之東距理所二里有善政橋橋旁有大小黃山土人因呼爲黃山橋嘗燬於火紹熙閒僧覺因合衆力即舊址重建三年而後成其廣九丈其高一十二丈有奇下通海舟之艤浙東之橋莫與爲比逮寶祐開橋之建六十年矣浸及於圮邑人樊暉率衆修葺而橋完又七十餘年當至順年晉寧李侯恭知州事來視橋梁敧石漸泐過者凜凜則與僚采議曰橋百年不修則壞壞而更爲不可以卒成如吾民何捐俸以爲之倡於是監州某同知州事賈某判官某協力而成之侯以公餘日往視役用衆工而橋復完州之人士環視踴躍謳謠西過山陰澤中俾性爲之記性不敢辭因爲言曰古之爲政非徒奉法制禁令而已將爲人司牧而生全之也是以興其利除其害就其喜違其戚若者戚者莫病涉之爲甚是故橋梁之利爲善政稱首以鄭僑之惠而徒杠輿梁之弗成孟子猶以爲不知政也李侯之爲治能急於是役則其政之善也可知矣

治東曰澄清橋俗譌爲登名橋按康熙五十三年重修曰汪姥

橋汪姥所建按雍正十一年重修日昇仙橋在驛之右以上見舊志

黃山橋迤東五里曰射龜橋南近大江曰外射龜橋

迤北五里曰范家橋以上見萬歷舊志按乾隆九年重建

萬豐橋舊爲孫家閘穴湖水所從出也新增

右在縣東

秘圖橋　在縣北一百步嘉泰會稽志

稍東曰小秘橋秘圖山之左曰桐江橋萬歷舊志

候青橋　在候青門外萬歷紹興府志

嘉靖三十四年以倭寇與黃山橋同毀明年改爲平

橋萬歷二十年邑里人閻人羔徐倫募金復建洞橋

如故萬歷舊志

乾隆十八年重建移向東二十丈

明吳道光重修候青橋序畧出邑候青門數武巋然跨江而雄峙者候青橋也嘉靖壬子島夷寇海上所過輒殘破諜得其攻城狀守者懼亟毀之已而寇果薄城下不得渡引而去衆遂不敢復故爲高橋而架木爲梁砥石而平之僅通往來事甚草創旣平父老與嘆屢欲新之而未有舉也歲久而木漸朽石且隕裂存者如綫舟人慄慄行旅惕息若不能一朝夕待矣葉侯邦餘姚之二年政通人和百度改觀一日履斯地曰斯非邑之要害乎而胡以傾圮若茲也且於度爲不協夫安民者在拔其危興利者必計其遠作而新之易廓以崇去險即安斯百世之利也顧費不可以煩度支爰出俸百金爲倡士大夫聞之而交相勸也積貲者輸任力者趨作之增增而橋不日成矣君子謂葉侯於是乎知政政者正也信而後勞施德及遠非正其孰能之侯以治行最擢爲司農郎其它績別有紀

國朝知縣李化楠候青橋記畧候青橋未詳所自創適當候青門外故名候青門者城北門也實臨江創明嘉靖中撤橋以絶倭路賊得先後復建則改洞橋爲平橋繼圯萬歷中葉乃重建調橋其地勢東下潮水陡來入橋甚鬱怒𢿙之西北來者其奔如駛稍不戒與橋擊撞船破而橋廊亦圯乾隆十二年三月都人士倪繼宗等舉嶽繼寺住僧日重新爲董事募修此橋十六年縣災其明年六月余涖邑𢿙前後捐賑銀一萬三千餘兩尚餘銀九百七十兩請助橋工得報可鳩工伐石而已捐未繳之銀亦集十八年十二月十五日橋成前後約費自銀三千五百兩有奇餘銀五十餘兩益以他公費自城門至橋築石塘若干丈以便行人僧亟新自興工後日在工所余賴其力以克有成橋舊在城門口今東移二十丈用殺潮勢高逾舊洞惟三云

候青橋五里曰鄒公橋學使鄒景從建又五里曰愈蔡橋呂文安夫人夏氏建又五里曰宋堰橋又五里

曰姊妹橋分名之則爲大橋小橋由潮堰以進河分爲二一進黃淸堰一進低仰堰又三里曰鳳儀橋又七里曰臨井山橋西爲麝蘭橋又七里曰甚湯平橋又三里曰茅家橋又二里曰虞望橋北曰許家路橋稍東曰大塘橋關頭橋折而南曰章家橋曰迎龍橋借堰橋曰四飯橋以上見舊志

分渡橋在低仰堰東百步新增

右在縣北

客星橋在縣北一十里舊名安山橋以近嚴子陵墓故易今名嘉泰會稽志

陳山舊有橋屢成屢壞淳熙十年僧清式始大改作廣百五十尺甃以石欄六年乃成寶慶會稽續志元元祐二年毀僧惠仁重建嘉靖十六年壞十八年重建萬歷舊志

〔宋〕孫應時重建客星橋記自漢建武以來千餘年嚴先生之高風激越宇宙天下尊之無異詞先生吾餘姚人也曉耕於富春山富春折而爲桐廬釣臺屬焉自文正范公建祠而記之釣臺之名大顯崖石草木亦得以衣被風采發舒精神傳繪於天下其邦人士尤以爲榮而吾邑之地盡人傑世反不傳非缺與士俗所記吾邑少東江瀕鄰潮汐上下常有聲是爲子陵灘蓋其初之釣遊處也東北十里有奇峯曰陳山拔立千仞秀表一方而叢石隆起在山之陰據嶮陘俯長川以望東海是謂嚴先生墓蓋嚴家是山而歸葬焉傍又有山曰嚴公山有古叢祠曰先生廟其廢史如此豈誣也哉乾道中故太師史公鎮越始告

縣表墓道起精舍曰客星堂而爲之田長吏以時奉嘗陳山臨大浦民橋其上善壞淳熙十年僧濤式大改作甃石如虹袤百有五十丈石欄翼之甚壯六年乃成里人相命亦曰客星橋將使四方之士舟車之過焉者喜其名而相告也江山其改觀乎先生之故里其與釣臺並傳乎尚亦史公之志也哉噫嘻利欲昏人萬世同流非聖賢孰能興之惟伯夷之風廉貪立懦先生亦一倡東都之士稟然以名教風節相高千載之下猶與日月爭光信乎其得聖人之清者也豪傑之士今豈無有況乎覽先生之遺跡想其人之如在其感慨何如也邑人孫應時敢記其事於石且歌之曰山川之靈人爲重輕風土之佳兮人爲晦明先生釣遊有榮一州先生故耶云胡弗求陳山雄雄石梁崇崇斯名斯歌以詒四方慶元四年戊午八月

壬辰

記

二十里爲梅梁湖曰梅龍橋稍東曰航渡橋永樂間建爲洞五闊三尺有咫長五丈餘與溪湖塘橫截梅

黿湖口而橋當其閘二十二里曰秦堰橋又東曰横河橋三洞下設閘蓄東北諸鄉之水又東曰七星橋三十三里曰虹橋三十五里在埋馬市者曰埋馬橋四十里彭山之北者曰彭橋四十五里曰匡堰橋游涇橋五十里近石人山者曰石人橋以上見萬歷舊志

如心橋乾隆四十年房尚德建　雙河橋入慈谿界新增

宋詩拾遺蕭遯翁匡堰市橋晚坐詩隔眼風塵寢閒心賒水清牛羊歸古坂鷗鷺集浮苹倦我思垂釣知誰共濯纓湖光浮一鑑倒影夕陽明

右在縣東北

新橋　在縣西北一里紹興府志

少北曰後新橋折而西曰拗橋出武勝門外曰武勝橋晉高雅之克孫恩於此故名迤北十里曰景家橋景星所宅也十二里曰洪家橋吳家坂橋吳家笪橋吳家輝橋（按乾隆初重修更名宋學士橋）由武勝橋轉西十里曰太平橋十一里近毛忠襄村者曰忠襄橋又北曰盧方橋錢家橋二十里亦曰浙橋舊跨長泠港曰長泠橋又名方橋又十里曰大將橋三十五里宋楊子祥故宅東西者曰雙橋五十里近謝文正故宅者曰萬安橋其南曰濟美橋步雲橋登瀛橋並侍郎謝丕所建由方橋稍南而西曰萬石橋宋侍郎孫嶸叟建又西里

許曰葫蘆橋曰牽枝橋又里許曰剡莊橋曰石鼓橋曰青山橋西入蘭風曰八士橋按康熙四十二年重修少南曰木蓮橋極西曰舜橋寰宇記及大康地記云餘姚有舜橋舜避丹朱於此以上見萬歷舊志吳家輝橋側有王官人宅橋徐官人宅橋長泠港有姚家橋陸家橋蔡家橋方梁橋趙公橋淡畈橋以上見舊志在周巷者曰寧鎮橋乾隆廿九年重建曰萬豐橋乾隆三十一年周益凡重建曰榮公橋永勝橋曰八字橋在湖堰西又西曰侍郎橋迴瀾橋在榮公橋東者曰延陵橋謝家橋體仁橋乾隆間張廷玉建東塘橋長嘉橋勞夔一建稍北曰唐家橋

又北曰大塘橋稍西曰湖門橋又西曰乘龍橋同仁橋平王廟橋順治閒勞文射建稍南曰寶善橋迤北曰捨子橋又北曰西上元橋傅家橋太平橋在蘭風鄉者曰高橋乾隆二十二年張順裕重修天香橋乾隆三十一年張承懷重修左高橋萬歷十六年張問仁建八分橋天啓二年重修斗野橋康熙二十八年何子之重修鎮龍橋明尚書沈應文建乾隆六年沈氏重修毓薇橋順治中建惠安橋乾隆三十四年建萬安橋乾隆三十五年改木爲石安國橋乾隆三十九年胡國柱建石巷橋乾隆四年徐瞻辰重修長慶橋縣西北五十里老寨橋西北五十里儀橋在羅家山大通橋入上虞縣界以上新增

明謝遷歸田稿方橋答馮雪湖詩方橋徒步記當年今日經過一愴然老去杜門深避俗閑來命駕偶隨

緣乘桴唤我從遊海錬石憑誰詫補天邂逅行窩仍
一笑聯床翦燭話心便
國朝桑調元弢甫集長泠橋詩漠漠洲渚迷沙禽叫
相屬舟人昧川涂別艭説已數箇個出前浦浴源几
幾曲烟樹兩厓分春江雨中綠滮滮陂塘水噴飛漱
鳴玉二麥際天青萬頃漾暹矚故鄉去遲遲幽思紛
綸綰欲攜阿鍾歸耕耬安土俗

右在縣西北

陸家渡　在縣東四里邵家渡在縣東一十里鄒家渡
在縣西一里啞兒渡在縣西七里霍家渡在縣西七
里方家渡在縣西十里徐家渡在縣西一十二里吳
家渡在縣西一十五里郭家渡在縣西三十里沈家
渡在縣西三十五里燭溪渡在縣東北二十里黃家

渡在縣東北三十里嘉泰會稽志

治東八里曰竹山渡十里曰下陳渡北三十里曰黃沙渡萬曆舊志餘同嘉泰會稽志

治之東曰旱門頭渡治之西曰倉前渡一名還金渡王尚書華幼時拾遺金還之其人祀謝後應所祀故名一里曰西石山渡六里曰藺墅橋渡二十里曰菁江渡二十五里曰夏巷渡三十里曰三十里牌渡以上俱在姚江餘支水不錄舊志

餘姚志卷四終

餘姚志卷五

知餘姚縣事唐若瀛修

古蹟

漢嚴陵塢

在客星山下方輿勝覽

案嘉泰會稽志謂嚴陵塢在子陵故居疑在嚴公山下韓性五雲漫稿謂子陵避王莽之聘隱居邑之東偏今墓道所在即其隱居之所然則嚴陵塢當定在客星山下矣子陵辭僞新聘命不載於後漢書本傳而見於三國志注世徒知其不事故人

爲高節而不知其抗命僞朝潔身全行尤足以風世而厲俗也覽古蹟者覩山高水長而可興起矣

黄昌宅

江水東逕黄橋下臨江有漢蜀郡太守黄昌宅橋本昌創建也昌爲州書佐妻遇賊相失後會於蜀水經注案今縣治西南一里有黄橋相傳爲黄昌遺址然水經注所言江水實兼浦陽江而言之也後世堤堰日增非復當時故道矣

皂莢塢

仗錫西嶺之下爲皂莢塢漢劉綱從皂莢樹上飛舉

此名塢之山然綱之升仙在大蘭出塢去大蘭不遠是其相屬未必當年故處（四明山志）

（宋詩紀事）孫應時詩　劉樊蟬蛻此登仙老木當年已插天仙骨半枯猶秀潤蒼皮新長更榮鮮蟠桃待熟三千歲銅狄重摩五百年化鶴未歸山寂寂徘徊誰與溯因緣（晞髮集）謝翱樊夫人上升詞　石嵝粘窗秋見海山雞夜啼弄花彩王孫吹笙導夫人青髮凌風素霞在雨塵離地自浩浩河西種星榆樹老海桑童童日出歸衣濕上池洗頭草（四明遊籍）明汪禮約懷劉伯常詩　冥鴻有奇翮清廟無遺音事往跡易閟感來念易深伊人秉高尚脫屣謝朝簪巖扉入幽亢月壑窮嶔嶔霧飲溟海白雲藏山淵陰徘徊一谿阻莽亙千里岑白日任推薄歲事客蕭森顧已慚獨往悵矣千載心

虞國墅

孔曄會稽記羅壁山有漢虞國墅襟帶溪水表裏疇

苑洛陽人來云巖圍大勢具體金谷郗太宰徧遊諸境栖情此地每至良辰攜子遊憇後以司空臨郡遂卜居之嘉泰會稽志

晉書稱郗愔與姊夫王羲之高士許詢並有邁世之風築宅章安有終焉之志晚居會稽即此地也今郗家池是當年故址謝靈運山居賦所云郗氏奧是也四明山志

越中覽古詩宋華鎮詩山列翠屏圍碧落水流鳴玉繞平田郗家池館雖蕪沒金谷形容宛自然

虞國舊宅

江水又經官倉倉即日南太守虞國舊宅號曰西虞

以其兄光居縣東故也是地即雙雁送歸故處水經注

晉賀墅

在雲樓鄉賀循所居於越新編

宋詩紀事岑全詩荒村車馬驚鸞鶴散騎茅堂見杜蘭冰王自甘山水味漫勞甲第賜長安

謝文靖故居

在四明鄉之東山方輿路程考略

案上虞東山爲謝元所考卜後人歸其名于文靖而餘姚東山之名隱矣今據四明志改正

養親堂

虞氏家記晉右衛將軍虞潭以太夫人年高求解職

彼留不聽特假百日東歸起堂養母親友會集作詩言志永樂紹興志

六朝日門館

在太平山梁杜京産講授之所陶宏景碑曰吳郡杜徵君拓宇太平之東結架青山之北爰以幽奇別就基址棲集有道多歷年所元末劉履亦避地於此自號草澤閒民補注選詩四明山志

阮家池

在縣治西南三十五里嘉泰會稽志

鹿亭

詳見山川志

〔唐〕虞家古城

在梅川鄉舊紹興府志

〔庸菴後稿〕明宋僖記畧余避難梅川時胡處士達道嘗謂余曰鄉有虞家城者父老相傳爲虞世南宅基吾壯歲猶見其遺址高一丈許厚二丈餘吾祖母出其地余因與其子惟彥過其處則其址之存者厚如處士往歲所見高則四尺餘耳周圍度之爲丈百有五十旁近居者多虞氏按輿地志及孔曄記漢日南太守虞國宅在餘姚嶼山南郡志謂治之東北三十里有嶼山今所謂虞家城在其南二里許國宅此無疑謂其宅在治西一里龍泉山南蓋郡志誤也郡志既誤而此相傳爲世南宅基者意世南亦居是地鄉人自其盛者傳之耳〔紹興府志〕按酈道元水經注云虞翻嘗登是山望四郭戒子孫曰可居江北居後世祿位當過於我聲名不及爾然相繼代興居江南必不昌諸虞氏由此悉居江北又云山南有百官倉郎

虞國舊宅據此則緒山別稱嶼山而郡志沿之殊不爲誤且虞氏奕世貴盛多開第宅據經之言固有居江南北者又不特專此城以居也顧其城厚完非永興輩其力或不能辦此

〔宋〕更好亭

宋高宗嘗幸龍泉寺登山遠望詫曰更好因以爲名 浙江通志

喚仙閣

在龍泉寺後本王安石喚取仙人來住此之句 浙江通志

〔考古遺集〕〔明〕趙謙詩 蒼山倚層構丹室棲神仙神仙去已遠遺蹟在林泉昔賢慕遐舉何術能長年招招不可見從誰問眞詮王生自緱嶺黃鶴留青田長林振哀籟秋草淒寒烟蓬萊有高士延佇思悁悁冥搜發佳詠濤風滿山川

國朝〔白雲詩集〕〔廬存心詩〕昔人招手向蓬萊欲喚仙人不肯來海外荒荒爭似此青山環繞碧溪迴

向家池

在縣南一里舊浙江省志

時齋

燭湖孫先生應時讀書處慈湖楊簡爲之記漸水舊聞

世友堂

在燭湖西北雪齋孫不朋居燭湖上安貧樂道終身不願仕有古人之節三子應求應符應時皆以文學知名兄弟相愛卉衣草食薄厚必均應符之子祖祐崇緝先志嘉定甲戌爲新堂銘曰世友合膳同室期

永不替寶慶會稽志

〔水心集〕宋葉適詩：雀尋屋角飛，燕繞簾櫳窺。其荷新宇就，生物欣有依。含德厚乃植，義完嗟利隳。更悲別駕公，横韞不盡施。溼恭化羣從，遥悵流深規。一絲必同袍，粒黍無異炊。慼零天上露，潤浹園中葵。魚蝌雖芳鮮，不如此菜肥。涼風送佳音，桂林自生枝。借子赤香羽，登君文石墀。樸斵吁已勤，蔦窬嗇所宜。諒爲前峯近，長耿容星垂。

陳侍郎橐故居

在通德鄉剡湖嶼。舊志

案：宋史陳橐傳稱其歸隱剡中，或疑其隱居在嵊縣。考嘉泰會稽志，宋宣和中方臘之亂，童貫奏改剡縣爲嵊，則知南渡以後稱剡中者，正指餘姚剡

湖而言讀史者當詳考於地名之沿革也

讀書墩

餘姚栲栳溪傍有讀書墩宋莫子純居於此名勝志

信天巢

高翥故居在江村匡堰舊浙江省志

〔江湖集〕〔高翥江居曉詠詩〕家住清江江上村江雲山影自平分幾回早起開門看不見青山見白雲〔又首夏江村詩〕漾漾池塘碧染才陰陰草樹綠成圍江村寂寞春歸後一點楊花不見飛〔又冬日江村即事詩〕江上凝冰約水痕門前殘雪綴谿雲杖藜獨立梅梢月成就清寒到十分〔經進文藁〕高士奇記畧曰容齋五筆載瀛鄮二州塘濼之上有禽類鵠名信天緑色蒼而喙長立水際不動魚過其下則取之終日無魚亦不易地余先世菊磵公有感斯說榜其居爲信天巢因題詩云信天巢小僅容身中有圖書障俗塵不

與世爭閒意氣且隨時養老精神破錙安穩齊鐘鼎
榮禍參差比搢紳渴飲三杯饑二飯主人食用未爲
貧今春從幸幾南目覩此鳥類守
拙安分之人信天之名良不誣也

姚山别業

姚巷有宋孫子秀别業其蓮池久淤爲田禾苗之中
雜生蓮葉探之未嘗有藕蓋數百年不絶也四明山志

（宋詩紀事）孫炳炎題元寶弟姚山别業詩）别業倚嶙
峋幽居寓目新開花繁覆砌話燕語通人野翠生窻
曉林香入戶春願因張老覘持以對芳晨
國朝（全祖望詩）旱蓮本别種吾鄉更所希從無一枝
藕穊然生夏畦豈有不根産長共
黍離離孫郎舊池館妙香拂我衣

耕寬堂

孫常州嘉故居在四明梁衕其石鼓猶存舊志

〔剡源集〕〔元〕戴表元〔耕寬堂賦〕孫常州既納印而結築室於四明山之陽，命之曰耕寬。其說曰：吾嘗於人而完於天，介於四而通於獨，與其盤旋蹩縮於勢祿之途，數驚而多惡，寧自放耕，無適而不自足焉。且夫彎腰展髀，野慢以爲禮，吾得以寬吾四體；行歌散矚，多取而無辱，吾得以寬吾耳目；作止信期，饑飽係時，而不自爲，吾得以寬吾心思。豈與夫搖脣觸忌，動足蹈機，駕械疾之車，擁鼓謗之旂，憧憧然猶疾馳而不止者比耶？客戴某聞而嘆曰：先生寓言哉！今夫千金之子，居與人羣，有微祿守器，而栽米不分，冰耕露斷，水種火耘，彼服田者，或愁乎勤，嗇乎先生，亦既裂千里土而君之，何用躬耕畎畝，真若野人之云哉？乃其風指，則走竊鬪之。走與先生皆越產也，而嘗宦於吳楚，餘所既知，而不知者可以類舉。彭蠡之瀦，震澤之區，由其瀕者饒於壤，而蔬農其上者暇於力，而漁故其君子則饜儼舒舒，小人則雍雍于于，茲非以寬歟？越農則不然，穴野而渠，糞山而畬，弓培寸墾，歲無贏儲。蓋用寬者不勞而嘗給，處狹者愈急而無餘。今先生封疆道德，畦畛禮義，播治羣籍，蘊崇列藝，豈弟聞望以爲嘉穀，優游篤老以爲樂歲，方欲發廩膺洽春秋邇無鄰之不恤遠無乏之亡不周者年勝客以燕以游乃操南風乃歌白駒文孫愿息前挨後扶嚴良日進迎貓虎也雅素時飭嘗田祖也清鶴和之水旱遠敗類之雀鼠若然者粢盛焉而神莫予吐稟藏焉而寇莫予侮不競不褻不替厥土亦不穢予宇蕃墉牖戶以保百世之風雨抑走又聞之能勞者不居善施者如忘故自古仁賢之居位其爲政也往往可以馴盜賊區螟蝗必不得已窮居而野處猶能使貪夫吝客愧恥於其鄉噫乎先生道遙茲堂想見鄉曲聞風而遜畔交游熏德而稱良人懷闕里之訓家喻名南之章然後道路通惠穹祇降康門比申呂同大壽等松喬並長回視世俗區區視豚蹄之多獲夸鼠壤之餘糧何趐乎滄海之一粟太山毫芒哉于時農祥麗天東作胥勁先生方清齋啟關徐行屏從有善斯言順風三歎先生聽之忻然以爲賢于張老之頌

方簽書山京故居

在四明鄉紹興府志

〔元〕岑安卿故里

在梼杌峯下浙江通志

王先生子英隱居上林鄉有梼峯岑君素以氣節相高每當月夕風晨必爲攜手欷歔行遊湖山間或臨流飲酒或登高賦詩有憂塵之思焉九靈山房集

〔梼杌山人集〕岑安卿隱居寄興詩田園日蕪穢衰邁不自治童僕肆踈嬾子孫習嬉娛良苗雜稂莠瓜瓞纏蒺藜草深狐兎聚水積蛙蚓滋念茲每獨往還焉起遐思世事亦如此重令我心悲〔又〕隱居灌畦詩灌畦起清晨汲水甘自勞微露濕裳履涼風吹鬢毛緬懷漢陰叟東陵亦其曹顧予何爲者佚豫致自驕日午獲偃息讀書志彌高年饑見秔稻萬民免煎熬寄跡天壤間于焉遂逍遥

國朝〔陳章〕弔岑安卿詩抱甕惟希漢陰叟荷鋤常伴歷山農九臺詩句吟成後雲散門前梼杌峯

嘉樹軒

在梅川匡山楊燧故居也方輿路程考畧

〔庸菴詩集〕明宋僖夜宿楊氏嘉樹軒詩前月城南連夜宿今宵水北對花眠梅天未食楊家果夜雨都耕舜水田惡客不來成好夢人兵已過定豐年酒醒得句呼燈燭一丈紅葵在楊前

楊學正瑛故居

在陳山舊志

〔九靈山房集〕元戴良訪楊季常於陳山詩爲憶幽人八十餘片帆來訪水南居已知楊子門多酒誰信馮驩食有魚一代定歸名士傳百篇真授伏生書前朝人物今無幾獵罷猶堪載後車

候青漁舍

楊瑀隱居在候青門外浙江通志

〔姚江逸詩〕〔明〕宋僖訪楊灌園於候青漁舍詩梅天踈雨灑斜暉水北平田白鷺飛飲酒偶同諸老醉吟詩相伴一僧歸茅堂會合知誰好蓮社交情更覺稀瞑色苦催花底散南鄰留客意難違

秦湖隱居

九靈山人戴良流寓在石堰秦湖浙江通志

〔九靈山房集〕〔戴良秦湖隱居詩〕西浙風光不及前攜家避地到秦川雲山每憶嚴公釣月夜時廻賀老船門巷邊衢塵似海樓臺近水影浮天旁人莫問心中事洗滌除非是酒泉〔又〕秦湖漁隱爲袁桂芳賦履運已成昔名湖尙說秦避時端有意把釣豈無人若上居姚水遺風似舜民地雖占越土境實慕河濱已忝歸漁業何言託隱淪月浮孤艇夜雨着短簑春泊渚多依藻漁汀或傍鈎羽沉疑中餌絲動訝掩鱗竭澤知難脫殃池數已屯競多聲失厲得雋詫忘嗔獺怨誅求盡龍嫌蕩漾頻腥風連巷陌礙浪接沙塵水際呼兒急檣頭換酒新釀歌便野習嗜好任天眞行娛狂歌客名傳放逐臣家臨煙浦近門對雪鷗馴釣渭

心徒苦興周遊已陳子陵辭漢日賀老別唐辰事業今如此棲遲固足珍青雲人既遠白首我還親哀謝無知己飄零偶問津但期連郡邑豈料結比隣東主方懸榻西風且釣緡扁舟如可具同老此湖濱

雩詠亭

在秘圖山右元劉仁本建集名士爲續蘭亭會天下名勝志〔亦元集〕劉仁本敘至正庚子春仁本治師會稽之餘姚乃相龍泉之左麓州署之後山得神禹秘圖之處水出巖罅瀦爲方沼疏爲流泉卉木叢茂行列紫薇間以竹篁彷彿乎蘭亭景狀因作雩詠亭以表之合甌越東會之士得四十二人同修禊事取晉人蘭亭會圖詩缺不足者各占其次補之總若干首因曰續蘭亭會云〔劉仁本補參軍劉密〕俯仰宇宙瞻茲山川欣欣卉木冷冷流泉豈伊獨樂尚友千年飛觴措詠萬化陶然陽春沐膏澤草木生微暄靈圖發幽秘感此禹跡存衣冠纚芳集臨流引清樽性情聊自適理亂復奚言〔都事謝理補侍郎謝瓌〕瞻彼阿耶神禹秘之茂藹藹蔚蔚之芳池臨流引觴衎衎以嬉俯仰千

古逝者如斯東遥散晴旭灌木浮嘉陰良辰事修禊
我道欣盍簪方池注清流可以濯煩襟一觴復一詠
暢情忘古今（鄉貢進士趙假補參軍孔盛）春陽既殷
以遨以遊采蘭崇阿濯纓芳流翰藻載詠羽觴載浮
潔我禊事于以寫憂喧風播曠宇欣懷託陽春盥波
寄幽暢虛襟遺世塵擷芳遵耶阿接盃浴淵濱詠歸
何道遥遐哉仰斯人（天台僧悅白雲補任城呂系）時
昔有懷陰雨翳霄兀爾居室怨焉終朝際此晴燠散
鬱林郊潛魚泳波遊羽鳴條崇阿撫神秘微風扇和
淳靈雨既云沐品彙區以陳蘭茗擢中沚葩蕚媚芳
爰散懷得負契引觴荅熙春（前蕭山主簿朱右補）餘
枕兮謝勝陟彼崇阿遊目遥岑川雲凌岫林木蔽陰
喈喈黃鳥懷之好音亦有良朋載歌載吟息徒坐蘭
諸臨流濯清泉光風被林薄春服麗以鮮持觴撫流
景寄魚樂天淵俯仰同一嘅弱毫從所宜（節府都事
王霖補王獻之）滿彼清源其流決決誰其遂之以詠
以觴酌此春酒以祓不祥華髮宴餘春微風宿雲散
蘭皋野衣芳洲江目初且暮賢集崇耶臨流水光渙
酌酒清滿曲俯泉嘅長嘆（蕭山教諭朱綱補）府曹勞
爽俯挹清流遥聊崇嶺于焉遊盤寄興遐永放同觀

濠高企臨穎泠風徐來暢焉深省叢木翳林薄搆亭以
俯潤濆旭日散晴采光風媚芳春臨流汎輕觴下以
樂嘉賓詠歌意自適酬暢趣益真兹遊敦所尙庶足
酬令辰回明沙門僧阜補任城令呂本遲遲春陽藹
藹蘭苕樂爾嘉賓以宴以遨靜觀物化散懷逍遙一
觴一詠庶永終朝禊飲秘圖湖天氣淑且柔傳觴際
曲渚濯纓臨芳洲纖條亂風樹幽葩落晴溝衆賓亦
以樂正忘塵世憂平江僧學學政徐昭文補府主簿
有綿素風雨相白舟貝芳携吾良倚憩于崇岡怡情
詠歌敘水之觴俯仰宇宙聊以徜徉兹辰天氣佳當
言寫我憂衣冠盛良會祓禊俯長流川容淡瞰雨樹
色翳崇邱清風接下載復此逍遙遊秘閣際者鄭彝
補山陰令吳谷典懷古先仰觀元造居嘆逝川不念
芳草莫春純和氣舒幽抱倏焉白駒嚶其黃鳥鳳駕
梲幽麓泛醴循流潮芳絶礙巖瀨葩萼耀林端靡靡
時運邁思賢撫嘗曠士欣遠賓集陶然有餘歡前嘉
興路經歷張鴻補鎮國大將軍掾卞迪藹藹雲岡溶
溶秋水集我朋儕擬兹蘭蕙千載同流爽猶芳軌美
哉良會術樂無已兹辰暮春初散策臨泉不雲渠引
微波浮觴薄前席伊人去已遠古今同一適睠兹修

禊地遂岑淡容碧東山僧福報補彭城曹趣晴雲翔
冉幽草茸茸羣賢戾至衎樂攸同芳醴汎灩觴羽遨
風亦有古酒可以從容柔條扇微風輕波漾晴旭搴
彥此委佗鳴佩集中谷列席依巖迴飛觴隨水曲緬
懷古先哲庶
以繼遐躅

案續蘭亭會選是詩者皆稱其有晉人遺韻康志削去其詩幾使名言零落矣今碑石漸泐錄其詩以存掌故

梅花屋

王冕諸暨人隱居餘姚九里山種梅千樹自題爲梅花屋浙江通志

案朱彝尊史館擬傳王冕隱會稽之九里山疑通

志有誤然通志實本於宏治府志其時去晃未遠當有所據今補錄於此

石田山房

在四明山祠宇觀旁元道士毛永貞所築其下磈磈磈磈衡亘從合畦町萬狀無非石也菖蒲河車芝草蒼耳隨采而足故曰石田同時薛毅夫樂其幽勝亦同隱焉舊浙江省志

〔石田山房詩〕元劉履詩嵯峨赤水山縹緲神仙宅高哉劉與樊超然遊八極一去何寥寥千載遺靈跡中有卧雲人冥栖鍊精魄幽林拾青楄寒泉煮白石致身蕭爽間邈與世塵隔我來一見之傾倒如夙昔松花釀爲酒持以苦留客〔張雨詩〕攜劒住丹山凌風袂雨溯空壇遺寂寞飛瀑瀉潺湲供薄難爲客山深不

閑鬬大蘭干仙頂有日遇劉樊

橘亭

蘇伯衡橘亭對云越士陸孟文家於姚江之上歷山之下治圃蒔橘搆亭浙江通志

明

考古臺

在鳳亭鄉馮村趙謙讀書處續名勝錄

高皇撰正韻天子考文諸臣順命古則於六書之學最精焉肯盡棄其學而順帝之則其歸也必以議論不合見擯不在年少也既歸築考古臺述聲音文字通賦詩曰文字聲音嘆久訛十年辛苦事研磨誰云

沈約知音甚未許揚雄識字多魚魯從今堪辨析鼎彝自昔費摩挲總憐冊舊徵鍾子歸臥雲山掩薜蘿當知臺名考古心非正韻爲久矣靜志居詩話

祭忠臺

在龍泉山絕頂臺即巖石也正統閒宦者王振用事翰林侍講劉球疏之死詔獄姚人成器與劉素絕知面夜率同志設雞酒祭之後人因名其陳俎之石曰祭忠臺石旁刻三大字爲王新建守仁書萬曆紹興府志

孫月峯府志載成器率同志數人嘗欲考其姓氏後丁先太傅胡氏世德錄序得胡伯常又見太傅胡悅

墓誌云伯常感激爲文登龍山祭焉成編修瀾伯常傳云伯常爲文與成器祭之始知文亦出伯常之手而祭則器爲之領袖也舊縣志删去幸同志數字伯常不終於淪没者幾希矣謝起龍東山志

〔舊志〕成器祭忠文〔文〕於乎先生龍逢爲友兮比干爲心紓忠竭志兮日月照臨慨前代任閹豎之失德痛當今復因循而蹈襲伏闕抗疏太息掩泣帝日汝嘉實感睿衷惟彼萃姦切齒相從幽之錦衣肆其鞫凶龍逢蒙戮兮比干葅醢雲霏霏其承宇兮天高高而莫余幸顧虀粉之是甘兮羌時事之可慨予會稽之後生兮頗忠義之是懷鑒往事猶感慨兮腸一日而九廻側聞先生之死兮又奚啻乎七哀叩帝閽其無路兮徒煩冤而謳歌楚些而招魂兮弔汨羅以爲計於是割雞釃酒望風奠祭擢蘩於家登彼龍山崖石齒齒兮竹松閑閑去天日其咫尺兮將英魂之可攀恭載拜以長慟兮思數祖以陳告惟蹇蹇以自完兮

得死所其奚悼顧棄德而崇姦兮尾日大而不能掉兮彼閹豎其何誅兮痛廟堂之具臣曷不撲滅於早兮使禍滔天而無津乃首鼠以自保兮獨先生之奮身舉朝皆抗扼兮何猖狂之餘腐也嗟剛中而無應兮適以快其怒也砣砥柱於洪流兮聊以示此度也覩嬿婉之華流兮直驚鴻與脫兔也生無益於時兮富且貴其何數也吁嗟先生之死兮實知名於孺婦也器謹志以法像兮中心好而非浮慕也或緣此以買睠兮吾不惕以改其素也〔小野集〕倪宗正〔詩〕滄江落日祭忠臺動地風雲鬱未開忠節重爲天下惜英魂疑向朔方來玉堂茅屋心相許白鶴青猿調轉哀片石嵯峨倚峯頂野僧時上掃莓苔

國朝〔謝廷賓詩〕當年忠愍慘圖屏竄海撒漿哭布衣血淚要爲天下灑壯懷寧惜此身微文留正氣垂千古臺倚荒山滿落暉同志歟人今半佚臨風重爲一獻欷

毛忠襄故居

在毛村〔舊志〕

銀杏山莊

大學士謚文正謝遷別墅在餘姚之東山續名勝志

〔明文謚定〕胡東皋記畧曰太傅謝公夙具丘壑之概初由中秘省覲南還即搆故居爲牛屯山莊及以宰輔致仕復搆銀杏山莊爲頤老之所竹籬茅舍與老農爲伍然湖光山翠拭目盪胸當與公之清德輝映宇宙矣〔歸田稿〕謝遷早過山莊〔詩〕侵晨理故棹山居將遊喧好風忽南來吹我烏帽偏宿鷺未移渚落月猶在山候門兩稚子問吾何時還高山與流水此意向誰言〔又山莊夜坐詩〕老天還我舊烟霞信道吾生自有涯佳客不來頻掃榻好山難致即移家半山細雨千竿竹十畝晴雲五色瓜月滿平湖天其遠擬乘清興泛仙槎

雪湖山莊

馮憲副蘭自督學江右歸重拓桃花莊自題雪湖別

墅其詩曰鏡裏流年從老去山中舊業得生還郎指此也傍巖結宇松陰滿庭故有松門老石如屏幛屋裏青山當畫圖之句逾嶺而東即廣教寺墅之西即雩湖邑志名千金湖謝起龍東山志

瑞雲樓

在龍泉山北王文成守仁所生處也公父華未第時嘗居是樓一夕夢雲中鼓樂幢蓋送一小兒來遂誕公因名其行曰雲一其樓曰瑞雲湛文簡若水爲之記萬曆舊志

舊志錢德洪記瑞雲樓者吾師陽明先生降辰之地也樓居餘姚龍山之北麓海日公微時嘗僦諸莫氏

以居其父竹軒公與母太夫人岑海日公夫人鄭姙先生既彌十四月岑夜夢五色雲中見神人緋袍玉帶鼓吹導前抱一兒授岑曰與爾爲子岑辭曰吾已有子吾媳婦事吾孝願得佳兒爲孫神人許之忽聞啼聲驚悟起視中庭耳中金鼓聲隱隱歸室猶如夢中蓋成化壬辰九月三十日亥時也竹軒公異之卽以雲命名後先生五歲尚未言有道士至其家戒竹軒曰天機不可洩竹軒覺之乃更先生名自是諱言夢矣先生一日忽誦竹軒公所讀過書公驚問之曰聞公讀時口雖不能言已先默記矣及先生貴鄉人指其樓曰瑞雲樓他日公既得第先子復僦諸莫氏居焉宏治丙辰某亦生於此樓及某登進士樓遂屬諸先子先師之生協諸夢天降至人誠非偶然某不肖辱登先師之門而生也又辱與諸樓今幸遺址尚存恐後世失所稽證使先生弧矢之地泯焉無聞是不可以無記敢敘述遺事謀諸左右使行道之人過茲地者指之曰此先生平鄉甽邑也庶其有眙宮牆而興思者矣蓋亦公之餘教也（陽明文錄）王守仁憶諸弟詩（遊）久別龍山雲時夢龍山雨覺來枕簟涼諸弟在何許終歲守風塵何似山中住百歲如轉蓬拂衣

從此去

中天閣

在龍泉山取方干中天氣爽星河近之句王文成守仁講學於此浙江通志

陽明文錄王守仁書中天閣勉諸生云雖有天下易生之物一日暴之十日寒之未有能生者也承諸君之不鄙每余來歸咸集於此以問學爲事甚盛意也然而不能旬日之留而旬日之間又不過三四會一別之後輒復離羣索居不相見者動經年歲然則豈惟十日之寒而已乎若是而求萌蘖之暢茂條達不可得矣故余切望諸君勿以余之去留爲聚散或五六日八九日雖有俗事相妨亦須破冗一會於此務在誘掖奬勸砥礪切磋使道德仁義之習日親日近則勢利紛華之染亦日遠日疎所謂相觀而善百工居肆以成其事者也相會之時尤須虛心遜志相親相敬大抵朋友之交以相下爲益或議論未合要從

容涵育相感以誠不得動氣求勝長傲遂非務在驕而成之不言而信其或矜己之長攻人之短麤心浮氣矯以沽名訐以爲直挾勝心而行憤嫉以圮族敗羣爲志則雖日講時習於此亦無益矣諸君念之念之

孫忠烈故里

在燭溪湖東北一里許地名孫家境舊志

謝園

侍郎謝丕別墅在九龍山續名勝錄

謝敏行東山志徐九皐曰公郎汝湖勝處葺東巖闢西園爲遂老所盤桓其間自號西園遂叟姚江逸詩

謝丕山亭詩此日山中僅此家孤亭長與伴梅花美人只隔西江水獨倚斜陽數暮鴉

清暉樓

在武勝門內倪宗正故居小野集附錄

菁江釣舍

趙端肅錦隱居在菁江渡郵舍之側續名勝錄

〔續今文選〕張佳允記畧曰麟陽趙公以日食建言具陳相嵩姦利狀下獄瀕于死者數矣既免歸授徒自給暇則垂釣菁江烟蓑雨笠若將終身焉

獨樂園

樂志園

並大學士呂本別墅一在姚江之北一在江以南續名勝錄

〔姚江文獻〕顏鯨記曰嘉靖乙丑先生築衆樂園於江北之西郊因推司馬端明以獨樂名園而反之曰衆

樂堂曰樂賢樓曰豐樂軒曰後樂而自爲之記萬歷三年丙戌先生七十一歲嗣子祠部元以衆樂園在江北先生欲往未免涉江乃于新城内復創一園名曰樂志而奉先生日往遊之園距宅數百武郎曳屐可至也其園倚龍山爲背而三面水環門東向躡橋入以九迴爲徑曲軒曰乍憩轉折而入屏翠薖入園内山池縈繞多珍禽異木而涵碧堂據其勝有軒跨池上曰垂綸東西山徑俱可入如青玉之竅奇孔百出而四亭踞之曰瞻雲曰弭日曰搴英曰寄傲亭名有製俱得一隅之趣遊人至者往往若迷又拾級而上登山島則江山雲樹歷歷如畫姚邑之勝可凝睇而盡也園南一軒在池畔曰企仁紅渠綠篠清媚可人而涵碧堂後有悠然閣甚閎麗上多藏圖史異書古玩鮮得窺者由閣而西稍北有別館曰臥雲更清閟乃祠部棲息之所似與塵世隔矣偶然軒詩草堂僧等客呂氏園詩荒池壅閉石横堆舊是和羹醉酒臺金馬諸公偷重閒祇今惟有菜花開

陳恭介書樓

在于賣村公歸田無椽舍借僧樓讀書嘗欲刪定諸史未就而卒浙水舊聞

明文授讀孫鑛曰陳公有年巡撫江西罷歸故廬燬於火乃市一故樓搆之居室家而身寓羅巖寺中及掌吏部致仕出都止書一篋衣一笥冠紳二事見者莫不嘆息好事者至欲繪爲圖歸仍寓羅巖寺中讀書自娛敝冠澣衣不問者不知爲吏部尚書也

月山舊廬

兵部尚書孫鑛讀書處在燭湖孫氏世乘

孫氏世乘呂允昌曰公爲文恪第四子文恪葬邑東月山濵於燭湖之野公獨棲墓側耽味羣書學日閎博及爲太常少卿丁母憂哀毀茹素棲息於月山舊廬者七年海內稱公爲月峯先生蓋以此也

孫文恭故宅

在邑城西北隅公以宰輔歸里師李文靖遺意粗具堂構其孫嘉績守故居無所增飾惟於屋旁闢地數弓雜蒔花木後嘉績死海外舊第燬於兵火蜀山紀聞

黄忠端故里

在通德鄉黄竹浦舊志

舊志劉宗周過弔詩孤棹出江汀江流去不平千秋知己哭一夕送君行骨與氷霜皎魂歸雨露清空遺明主恨破柱有平陵

施忠愍宅

在龍泉山前舊志

餘姚志卷六

知餘姚縣事唐若瀛修

城池

縣城　設建江北岸週圍九里三分高一丈四尺城身內外皆石砌女牆一千有一設六門東名澄清西名迎恩南爲齊政并小南門北稱武勝候青又設東西水倉門知縣暨縣丞典史廨署皆隸其中焉

舊志城始築於吳將朱然圍一里二百五十步高一丈厚倍之元至正十九年秋方國珍復城之凡一千四百六十五丈延袤九里高一丈八尺基廣二丈陸

門五東通德今改澄清西龍泉今改迎恩南齊政北武勝候青

水門三四面環江爲濠可通舟楫（元行省都事高明記）餘姚州襟江枕海南連嶀嵊北距錢塘其東山蘭風諸鄉與浙右海寧澉浦相直天清日朗北望諸聚落雲樹可指自海寧澉浦過順風挐舟南邁半潮汐即達餘姚境實呉越要衝地也至正十有八年天子賜印綬節鉞命江浙平章榮祿方公分省東藩明年乃巡行至餘姚瞻視形勢顧謂僚屬曰是州控扼呉越不宿重兵以鎮之可乎頓兵儲糧無郛郭以居之又可乎乃議築餘姚城而屬役於軍士於是姚民咸願輸財効力公因民情從之且曰餘姚爲鄞郡外屛吾其召鄞縣慈谿奉化之民分築之以紓爾力其四門用力尤重吾其給鏹庀財令軍士自營之民再拜感激遂畀基址辦土方揣高卑仞溝洫慮財用書餱糧峙楨榦稱畚挶公乃躬自爲表直視功黎明至城所夕猶不息工先畢者犒以金帛既畢而或隤圮者又出錢令軍士繕修之公之貴介弟僉樞密院中公能竭力勸相以贊公志以至正十九年九月戊午始十月甲申畢功凡

城以里計者九以丈計者一千四百六十五有奇餘姚當其半自西迤北爲丈七百有六其自北而東五十四丈慈谿縣當之又東而南四百六十丈鄞縣當之南盡直西委之奉化縣爲丈一百八十有二而義士魯允寶俞議岑吉徐曾四人者又樂爲助築三十有一丈界餘姚慈谿之交城爲址廣二丈其上之廣殺其址二尺其高如上之數郛口之高又六尺焉四面之門有五南門齊政北門武勝候青東門通德西門龍泉其東南北又各立水門以通舟楫雉堞巖嶭睥睨明整樓櫓峻麗虹亘雲矗州之官屬與其耆老相與言曰吾州庶其安乎往時寇盜窺伺吾境欲肆搏噬賴乎章公威武足以讋之彼雖惆疑恇怯不敢進然吾民嘗惴惴不自安譬居而無藩垣門戶欲高枕而臥得乎今斯城既作崇墉重關設險守阨樹旌聚欜晝徼夜柝雖有外侮亦將阻不敢犯公之保捍我民者其惠庸有既乎乃相與伐石願紀公績而屬明爲書其實云

明洪武二十年大將軍湯和畧地東浙以餘姚要害宜宿重兵用制險塞命紹興後所千戶孫

仁增治壘堞仍置千戶所守禦之正統六年邑人李應吉以爲不便奏乞罷所嘉靖中城漸圮知縣鄭存仁李伯生相繼繕葺

浙江通志四面引江爲池

國朝順治十五年增高併堵

乾隆二十七年欽奉

上諭城垣爲保衛民生允宜鞏固如有坍塌分別次第興修三十二年知縣多澤厚勘估開段詳修共七十八段工長二百餘丈領帑四千一百十五兩四十二年候青門迤西雉附三十餘丈知縣唐若瀛捐俸繕葺

江南城（於越新編）嘉靖三十六年以比歲患倭各鄉震恐避兵者北城不能容且江之南生齒繁衍學宫在焉邑人公請城江南報可遂城之周一千四百四十丈有奇陸門四東泰西成南濱北固小陸門二恩波流澤水門二左通右達（萬歷二十三年知縣馬從龍以諸生言又於城南開水門一引九曲水入學宫之前名爲巽水門）四門之上皆有重樓而北固樓枕江與舊城舜江樓相直通濟橋亘其中南北皆爲月城通兩城爲一（明大學士華亭徐階記）跨舜江而邑曰餘姚去海不百里夾江兩岸居民數萬家舊有城直江北以吏署所在也其生齒江以南得三之二焉學宫倉廩咸於是在頃歲倭犯海上登邛洋趾汝仇窺縣西北鄙白溜台趨上虞者大蹂四明界中江南之人鬬寇且至走保城邑

不能容則散入山谷閒鹿駭狼顧父子不相保邑人少保呂公聞之嘆曰今兵興倘未已江南脫不保縣城獨能完乎今若益城江南衞絃誦之宮守常平之粟豈惟姚民依賴將全浙實屏蔽之議既定有諱於里者里人郎中邵君德久侍讀陳君陞等疏請於朝

天子許之於是下詔益城餘姚縣南而總督都御史胡公宗憲實典領其事乃會巡按御史王君本固羅君元楨程土物度形勢而經費則督府制之不足始助以諸郡贖緡什之一蓋總其費白金以鎰計不滿萬者百有十自木甓石之材以至於畚鍤版幹募人之力無一求而不給焉始於丁巳年九月己卯而以次年六月辛卯城成周一千四百四十餘丈爲門而樓者四曰東泰西成南濱北固又周爲隍引江水以環之面江則爲水陸小門各二又於江岸兩城故有橋處爲月城際江使聯爲一寇至可以併力而守是不可不紀也按新城實用銀五萬三千三百兩有奇

記蓋省言之

〈萬曆舊志〉姚之有新城自嘉靖中防倭而設也學校宮牆在焉衣冠右族居邑之半扼塞與舊城等南北

重闉樓櫓相望大江中亘崇山四維蕃輔
車之勢初擬設兵以别駕領之比竟中寢

【浙江通志】江南城於順治十五年增修

築餘姚江南城與北城聯通爲一而通濟橋亘其
中昔人詩所謂城形雙璧合橋勢斷虹浮也余下
車見北城繕治鞏固而南城埤堄剥落其西南面
隳圮尤甚心竊詫之稽諸故牘蓋自雍正中邑令
葉君煊文申言南城爲吕墻不入交盤册由是南
城不領於官其興廢無過而問者岀邨之民竊取
城磚私相貿販十餘年來侵削日甚矣及考浙江
通志則吕文安始倡築城之議事未及行會郜君

陳君疏請報可始得命下有司撫按籌其經費府縣董其程役以迄於成其非呂墻明甚舊志刪節建城碑記專歸美於呂文安葉令遂據以入申文曷不考碑記尙列學宮創造之始末固不可沒哉

國家治法周詳設大嵐都司爲安靖地方之本而南城直達四明實當大嵐之衝其城垣詎可以不保余因審核閒段督率里胥時爲省視於是盜取城磚之風始息有基弗壞深有望於後之司此土者

舜江樓 在齊政門城上置鐘爲城樓康熙四十二年重修邵廷采重建舜江樓記舜江樓者故承宣亭址也元皇慶閒鄞人州判葉君恆始建樓云按邑

志亭樓之以舜江名有二其一曰舜江亭在治西南五十步平地今城面江以迎候客舫後更名迴瀾亭其一曰舜江樓在舜政門東五十步城上瞰臨通濟橋望之隆然爲縣之與峯開納文明方葉君時餘姚爲州而君至直大夫後乃作譙門製刻漏又崇是樓陶學士安嘗爲之歌詩有曰凭欄出樹杪振衣在天半諸峯繞城邑萬室夾江岸鯨濤息狂沸龍泉人清玩暑足盡樓之勝槩矣有明姚人物甲天下迨嘉靖之季年樓毀少替談者因以是樓覘衰盛萬歷中新蔡馬君從龍爲令復理新之縣入職方科目益衰康熙初年樓又災談者益以爲驗四十二年秋通判吳公來攝縣篆咨政所宜遂首重建舜江樓悉復舊制置鐘其上與士大夫集而登焉周覽千山環列烏瞻客星橫貫樓中下長橋如伏龍晨鐘一鳴萬籟俱起美哉前三百年人文之盛當與此樓俱振微獨巍科高爵接武如曩日也余惟古名世佐大業者多出刺史牧相由乎一方以施天下凡有興革擘畫動可爲世法式數代之閒指不多屈即如舜江樓之建僅公繼葉君馬君而三葉君名贊見陳旅海隄記而馬君落成是樓則翁大司馬見海公記之今余文不逮陳

民而濫承公命且書詞謙抑謂未竟所設施度公斯心欲相厚加福於吾民豈有量哉繼自今姚人勿忘先澤博聞敦善行以前修自勗日相業如文正理學勳業如文成就義如忠襄忠烈古學如文恪強諫如忠端銓政如清簡恭介餘各以類求其倫則登斯樓也有慨然而興頑廉懦立者矣若大觀抱南山之暉夕覽東海之潮低昂睥睨極目千里騷人詞客或有得於斯樓者非我公所望於邦人之志也公以余言爲是記而碑之勉姚人焉

臨山衞城　在縣治東山鄉西界上虞北控大海康熙八年以廟山巡檢司移駐管轄

萬曆舊志　洪武二十年大將軍湯和上言餘姚控引大海宜於其北邊置衞所巡司二十里一城以備倭寇乃徙上虞故茍城城於餘姚西北境六十里之廟

山初用土石半其年秋本衛指揮武英督成之乃盡用石圍五里三十步高一丈八尺永樂十六年增其舊五尺址厚四丈五尺面半之陸門四水門一城樓五敵樓一十有四更樓一窩舖三十八月城三女牆九百六十七兵馬司廳七濠長七百尺深一丈五尺弔橋四瞭望總臺一在東山三都羅家山烽堠十道塘堠在開元二都方家路堠在開元三都廟山堠瀝門堠竝在東山三都烏盆堠丁墩堠竝在蘭風一都夏蓋山堠避港堠竝在上虞縣五都荷花池堠在上虞縣六都每堠各墩臺一柴樓二雜夫各一

三山所城　在縣治梅川鄉之滸山俗呼滸山城三山巡檢司駐劄管轄

萬歷舊志所城在縣東北四十里梅川一都之滸山命千戶劉巧住監築圍三里一百一十步高一丈六尺永樂十六年增六尺址厚四丈五尺面半之陸門四水門一月樓四角樓四女牆六百三十五兵馬司廳一弔橋四濠週六百六十丈深一丈三尺廣三丈八尺瞭望臺一在滸山烽堠七蔡山堠吳山堠在上林一都擔山堠陳家堠在梅川二都化龍堠在孝義二都眉山堠歷山堠在雲柯三都

三山巡檢司城在金家山爲三山寨有土軍百人洪武二十年徙之縣東北六十里上林一都之封山岡三百五十丈有奇高一丈五尺厚二丈城門一城樓一窩鋪四女牆一

百二十

觀海衛城餘姚與寧波之慈谿分轄慈邑轄東南半城餘邑轄西北半城

廟山巡檢司城今圯

萬歷舊志城舊在蘭風鄉之廟山爲廟山寨有土軍百人洪武二十年徙之縣西北六十里上虞縣第五都之中原堰閭一百四十丈高二丈五尺厚二丈二尺城門一城樓一更樓一月城二窩鋪四女牆一百十緣並如眉山

眉山巡檢司城今圯

萬歷舊志城舊在雲柯鄉之眉山爲眉山寨有土軍二百人洪武二十年徙之縣北四十里孝義二都之海瀏頭圍一百八十四丈高一丈八尺厚二丈城門城樓更樓望海樓各一窩鋪四女牆一百二十濠長一百丈有奇深一丈五尺廣五丈

臺汛康熙二年沿海設立砲臺洋浦曲塘臺趙家路塾橋路道塘路謝家路以上五臺俱木勝山崔家路周家路方家路臨山衛北門臺以上五臺俱石後臨山衛北門臺裁今沿海所轄係五車堰汛黃家路汛臨山汛舊設方家臺謝家臺分防臨山汛下道塘墊橋二臺分防周巷汛崔家臺趙家臺勝山

臺曲塘臺分防滸山汛并兼管觀海衛汛乾隆二年發帑銀二千一百餘兩給協守備領銀建復九年風潮損壞撥銀七百餘兩興修十二年及二十三年先後領銀三千二百餘兩修理二十六年二十七年詳報未修三十五年三十七年知縣舒希忠顧元揆奉文賠修各捐廉四百三十餘兩修建　其周家路臺撥歸水師官舍營房在孝義鄉因雍正十年松江海匪盜網傷人總督李衛題請設周家路水師汛把總一員駐兵巡哨並設營船巡察更設勝山頭營房賀墅港燭溪湖方家閘姚家壟各汛分防滸山與縣汛同力巡緝　江

干一帶西自下壩汛曹墅橋汛接待寺汛東至郁家灣汛凡四汛各有營房墩臺瞭樓俱係縣城汛兼轄南鄉要隘有梁衕中村北溪三汛各有營房官舍把總三員分駐

附炮房沿海分設炮位房間以資防禦滸山汛城內炮房三間勝山臺炮房一間崔家臺炮房一間周巷汛下市西炮房二間方家臺炮房一間臨山汛守備署側炮房三間共十一間其曲塘臺原設炮房一間歸慈谿管轄滸山汛炮位兼防曲臺

郵鋪衝要五鋪縣前鋪設鋪司兵五名任渡鋪曹墅鋪三十里鋪桐下湖鋪各四名偏僻九鋪方橋鋪衕橋鋪四門鋪道墟鋪化龍鋪眉山鋪蔡山鋪擔山鋪洋浦鋪各設鋪司兵三名

〔舊志〕初自縣前及南官道置急遞凡六其後緣海置衛所增置北海道之鋪凡九治東四十步曰縣總鋪又十里曰常家鋪二十里曰桐下湖鋪（入慈谿界）治西一十里曰任渡鋪（舊在治西七里名七里鋪）二十里曰曹墅橋鋪三十里曰三十里牌鋪（入上虞界）是爲南官道急遞鋪治西北三十里曰方橋鋪四十里曰化龍鋪四十五里曰道塘鋪六十里曰四門鋪六十二里曰臨山衛前鋪（入上虞界）治東北四十里曰眉山鋪五十里曰擔山鋪六十里曰蔡山鋪七十里曰洋浦鋪（入慈谿界）是爲北海道急遞鋪鋪各有廳三間有廂六間有郵亭一座有外門一間有

司兵有吏一人領之今吏久無

鳳山門舊志在治東北二里許黃山橋之南上有敵樓

四門堡舊志在治西北四十里去臨山衞十里知縣胡宗憲築垣構屋爲練鄉兵之所地周五十四丈深一十八丈二尺廣七丈八尺今圮廢不可考

餘姚志卷七

知餘姚縣事唐若瀛修

衙署

知縣署　在江北治城内中爲治堂計三開顏曰樂只乾隆十九年知縣李化楠立由治堂甬道而南爲戒石碑乾隆四十二年知縣唐若瀛重葺勒石增置石座再南爲儀門設門三座屋五開甬道左右爲吏廊東西共十六開乾隆四十二年知縣唐若瀛增修外廊儀門之兩翼爲皂快壯三班之房各三開門以外左右側爲土地祠屋三開直出而南爲頭門門上設譙樓其五開頭門外設立木壁以爲樹塞乾隆四十二年知縣唐若瀛改

築照牆形家言頗驗爲復木壁頭門內之西爲監獄坐西朝東設獄門一座提牢禁卒房各一間西側獄神殿一間南側監房二間女監一間獄倉五間乾隆十九年知縣李化楠詳請於儀二門內添設覺岸所房五間所門一座守所役房二間外設柵門治堂之後爲川堂三間東爲迎賓館五間乾隆四十一年知縣陸明愫重修由川堂折而東北爲荷花池即昔日之瑞蓮池池駕石橋越橋而北爲廨署宅門屋三間門以內中爲內堂共三間顏曰學古雍正八年知縣葉煊文立堂之東庫房二間西簽押房一間俱乾隆四十二年知縣唐若瀛重修宅門之西贓罰庫房一間虀房五間東虀房三間由內堂折而東北有書室五間顏曰蓬萊閣康熙五十九年知縣張允惝立閣後書室五間內堂之北當秘圖山

脊下爲内室有門有廳計五間其東廂房二間東北厨房二間西書房三間簽押房之西有客廳五間庫房之東有茶房厨房各三間秘圖山脊設巡更房一間

按縣署於乾隆三十八年知縣顧元揆詳准借支養廉重修

〔知縣李化楠〕樂只堂銘　有美斯堂政成教彰求寧求莫剪莠扶民實恥飾市巫絶投渰企彼前哲循蹟相望仰惟　聖朝照鑒斯在上天難欺下民恐殆儼矣居高敢忘予發作福作威縱欲自肥民瘼罔恤怙過飾非其或反是材識微弄懦不決如脂如韋凱以强教弟以悦安非强非悦爲慢爲殘其惟賢牧爲民錫福民膏民脂爾俸爾祿職無曠瘝恩勤顧復明月村尨杏花春犢芝秀拔和屏

燃剔伏吏廉不畏民罔不懷龔黃卓魯職有利哉兢吉兢凶何去何從夙夜非懈以報　九重臣門如市臣心如水稟義不刑詩云樂只

縣丞署　在令廨之西

乾隆四十年縣丞章錫雯詳准借支養廉重修廳事房屋共二十間

典史署　在令廨之東

乾隆四十二年典史譚際甲詳准借支養廉重修廳事房屋共二十間

舊志　縣署宋治堂曰正廳左爲東廳後爲清心堂清心堂之左爲不欺堂夾堂直北臨池有軒曰鑒止鑒

止少東北轉曰芙蓉亭芙蓉亭南折而東爲翰墨堂令施宿刻東坡手翰於中後常褚蓋袁諸帖刻置之翰墨堂直北陟秘圖山下瞰秘湖初有閣曰秘圖已乃改爲翠寶亭翠寶西三十步許爲秀野亭當兩亭之中北望見客星山故有亭曰弔隱其南下爲高風閣令李祺壽建施宿成之前爲嚴公堂令徐端禮建葺以嚴徵君名（宋）李光嚴公堂詩子陵古真隱逸氣橫九州平生江海志自比巢與由鴻飛本冥冥肯爲稻粱謀虛屈萬乘顧枉煩物色求貽書誚君房預作腰領憂舜江了邑里子去踰千秋高山無古今大江日東流人物泯淘盡英名至今留當年漁釣地陳迹餘荒邱（又）徐侯有佳政百里安田疇作堂名嚴公懷賢慕前修時來對江山一尊更獻酬我豈隱淪歟三黜今白頭年來騰得閒忘機狎羣鷗結茅伞湖旁一竿幸可投篛笠青蓑衣生涯寄扁舟嚴子定不死吾將從之遊由

治堂南出爲儀門爲譙樓更南爲承宣亭（令汪溫建）思展
布象魏令廨在治內丞廨在治東八十步（有小室日竈巢）簿
廨在治東五十步尉廨在治東南一里許（縣令常褚題名記）縣
令掌治民凡民無所不隸至若顯善勸義禁姦罰惡
尤汲汲汲爲先務然終日坐堂上耳目之所不接或病
焉尉雖位丞簿下職警捕日走阡陌知民所疾苦或
縣政有闕尉得以告於令令從而罷行之惟謹縣尉
之職夫豈警捕而已哉或者自卑其官眡所居若不
屑爲者玩習宴安深居簡出問以屬境內外事輒睥
睨艮久卒不知所以對吁亦疎矣丹邱陳鐘才宏而
識邃來尉吾邑始至嘗從容對客誦杜少陵詩至老
夫怕趨走之句乃喟然嘆曰少陵曠達豈擇官遂私
者其意以爲居是官當無憚奔走憚奔走即不當居
是官我亦安敢自暇逸以是得屢敏稱秩滿將去顧
廳廨壁無記前爲尉者漫不可考訪之蠹籍僅得十
有八人屬予爲之記而刻之石予固嘉陳君之志且
欲使來者指姓氏而誦曰某尉是勤於職者爲壁記

不爲徒設云時嘉泰改元四月（袁肅二槐堂記略）故忠定史越王魏文節公相繼尉餘姚而皆被遇孝宗登相位公輔規模已胚胎於初筮之時後之人覩甘棠而思召伯感九原而不可作作堂植槐以寓無窮之思而歲月既久棟宇傾欹嘉定壬午肅爲邑於斯趙君時鋪以宗室之雋妙年決科來踵尉事顧瞻槐陰景慕高躅聞與肅謀將新斯堂以圖不久肅欣然致助趙君以俸錢續之大屋修椽視昔增煥前植美竹與槐陰映經始於甲申孟夏踰月告成而民不知役乃貽書俾肅爲之記焉　建炎初取壽聖觀址益縣治地凡四十三畝而丞簿尉廨復取外地德祐間張世傑之兵盡火之元至元皇慶間復作公署堂寢之外有高風閣愛蓮堂故承宣亭之址作舜江樓（州判葉恒建）（元陶安舜江樓詩）承平八十載河海既清宴越東在遐荒武備復宸斷股肱二三臣坐鎮防變亂禮羅得名士兵機授成算下馬舜水濱官吏復能幹寸心每勤勞百姓免愁嘆

與客閒片時登樓愛奇觀凭欄出樹杪振衣在天半
諸峯繞城邑萬室夾江岸鯨濤息狂沸龍泉入清玩
霜清風日佳暢望百慮散因憶京華春杯酒會其案
別來會聚難轉眼年歲換旅中得追隨相顧發一粲
故翠寶亭之址作雩詠亭（詳古蹟誌）恭覩昔大損矣〔元危素州
同知解瑞栢堂記〕余既爲餘姚州經畧記而州之人
士請復記瑞栢之堂其言曰劉侯之初受嚴畝之命
於大府貸民大悅富者戚戚焉覬罷其事侯率其胥
吏以告於神卜之不協吉禱之他祠亦然侯曰吾知
悉民事而已焉得聽命於神乃移植小栢於公宇之
前夜禱於天曰覈田以便民耳事之成否將栢之榮
瘁占之屬時亢旱而栢蔚然以茂明年春事克就緒
吾州之老稚指其堂曰此侯治事處也侯將去吾民
而顯用矣觀予此栢猶昔人之甘棠然乃名之曰瑞
栢請徵君杜先生書其榜予其記之予聞氣之流行
和以致祥乖以致異不易之理也今餘姚之民力役
既平領職作事厥有常制可爲太和矣然則和氣感
於斯栢焉可誣哉予遊金陵嘗聞侯議論知其當以
功業顯於他方也推餘姚之政而觀之則其大者可

知矣故於州之士人請有不得而辭焉

今署之制中爲治堂三開知縣黃維建萬歷十二年知縣丁懋遜重建（明少傅呂本記畧）邑公署沿革徙籍蔑稽宋建炎初營拓特侈燬於德祐之鬱攸元皇慶間稍復我明建置聽政有堂居止有衙胥吏有廊與夫倉庫囚室儀門譙樓之類規制大備歲久就圮別駕葉君金來視邑篆修廢舉墜爲之一新時嘉靖庚子歲也迄今四十五禩堂宇廊廡傾頹日甚蘄水李侯時成僅葺後堂以內召去今霑化丁侯歲辛巳宰吾邑越二年政通人和上信下孚於是協謀於丞王君道行簿王君雲同曰縣堂吾與若等出政臨民處也今如此其他欲墜欲覆寧傳舍視耶請於堂路咸報曰可遂筮吉戒期庀財鳩工有撤其舊而重搆之者則治堂庫房譙樓也有因其舊而稍葺之者則幕廳兩廊儀門衙宇獄室也經始於壬午十月訖癸未五月落成之日百姓扶老攜幼環而觀之咸舉首加額頌侯之德述侯之績鄉之士大夫如出一口相與伐石請記於予予惟侯初至之日體若不勝衣言若不出諸口一旦執丈田之役不辭勞瘁而爲民造福至是新邑中之署自信無他毅然爲之而

一無所顧何其勇也侯諱懋遜字允節萬歷庚辰進
士分董是役則邑人太湖簿邵陞兵部提領徐倫
顏曰親民知縣葉煒立治堂東掖南下爲幕廳三間西掖爲
縣庫一間又西爲庫書房一間由治堂甬路而南爲戒石
亭令徐端禮立亭南爲儀門凡三座左右耳房各五間左右爲吏廊東十
間西十一間吏二十七人司吏九人典吏十八人先是吏三十三人盡東廊之
北稍東爲寅畏室一間知縣周鳴埧建先有倉廳今廢儀門外舊爲東
榜廊西榜廊各十間今廢今東爲迎賓館三間知縣李伯生建爲
土地祠三間知縣顧存仁建爲申明亭一間西爲獄官廳一間南囚房西囚房
共九間爲旌善亭一間洪武四年詔天下隅都各置旌善申明亭餘姚縣凡建三十九所今
皆使役於民先是左旌善右申明其前爲譙樓三間知縣黃維重建張宏宜丁懋遜馬從

龍相繼新之而從龍復建舜江樓懸中鉦一鼓一更版一元州判葉恒製刻漏甚精後上之府譙故有更夫五名今罷陰陽生輪直治堂之後爲川堂一間川堂之後爲後堂五間知縣李時成重建左爲儀仗庫一間右爲架閣庫一間先爲冊庫架閣在幕廳側今併於此爲須知房三間今廢寓儀仗庫其前爲茶房由川堂出東便門折而北爲鑾駕庫知縣周子文建今亦漸圯後有池曰瑞蓮池過池有亭初曰半閒已改爲考祥知縣劉守達半閒亭記縣署後故有池一區前令植荷其中而橋於其上予視事之明年荷有並蒂而華者諸士大夫見之咸賞識爲瑞形諸詠歌又明年予始搆亭於橋之北阜而請名於士大夫僉曰其以瑞蓮名也予曰不然予治縣無狀瑞於何有而有此嘉名人將不以予爲誇予然予竊志蒞縣之初堵案相仍寢食且有所弗暇此華之榮悴開落奚暇觀之耶既而勉爲辦治案之堵者日以去乃始得退食假息其時蓮偶並蒂予雖

勉從諸君臨池一賞之追維往事之勞而懼其猶弗治也亦未服遊憩於此今幸此邦之民謹愿易治且閒予之勞至相戒勿以煩一縣公於是訟簡於下而秘供於上庭顧以少事今予一日之閒而假其半日憩於斯亭爰思吾政之若否而觀民化之始終將亦不爲應事所奪矣敢名之曰半閒且以記吾之始勞者惟無治事之能而卒以少閒者實吾百姓之賜云卯

縣顧存仁考祥亭記正德乙亥開州劉公應徵觀篆餘姚三年而政成百姓大和始築亭治內蓮池之上其時蓮乃並蒂或曰公善政之祥也宜以名亭公不欲居名以半閒酒嘉靖壬辰冬予亦來嗣公後越明年夏乃復有並蒂者邑之薦紳皆曰祥也詩歌之而歸諸予予曰祥不慮生予豈其人哉乙未春姚士之登甲科者凡一十有六人予其賜及第者二人魁禮部者三人予謝諸薦紳曰祥不虛生諸君固當之矣令予豈其人哉衆曰非然也范甯治最廳事蓮生烏城令賢閣下苟出事罔有明徵也必曰得士往者劉令曷徵乎予曰天子命守令職教養今吾學校士如此予藉此以對揚天子之休命夫乃緣此爲予之祥也雖然祥瑞春秋不書君子爲政亦考諸心而已心盡而

無徵於遺不害其爲詳苟未盡而有徵於遺亦猶闕於詳易曰視履考祥其旋元吉予將以自考也因更名半閒之亭爲考祥後重建又改似玩知縣馬從龍題其端云玩非令事瑞蓮再出而亭始成有似於玩故名亭尋毁其北當秘圖之春爲令廨有門一座有廳有寢各三閒有廂共六閒令廨之左爲丞廨右爲簿廨迫丞廨之前爲典史廨制與令廨俱畧相當典史廨之南爲吏廨歲久俱圮通判葉金署縣重建凡創十六閒修八閒面西爲總門今僅存八閒今丞廨併爲令廨簿廨改爲丞廨

教諭署　在南城學宮明倫堂之東詳見學校

順治六年縣令胥庭清建齋樓三楹廳事三楹顏曰

歐治乾隆三十三年教諭邰守仁重葺

訓導署　在教諭署之南

舊在明倫堂西乾隆三十四年訓導唐華改建明倫堂東廳事廂房共九間乾隆四十一年訓導汪師曾重葺

大嵐同知分署　康熙四十七年山賊張念一竊發旋即蕩平始於梁衕建設總捕同知廳署以紹興同知移駐兼轄寧波之奉化縣台州之天台縣署有門二座頭門五間儀門三間堂二座大堂三間二堂三間內廨樓三間廂房各三間方軒四間書室各三間內宅門房三間廚房三間巡更房二間儀門內廊房各

三間皂快班房各三間今年久頽圮僅存基址奉檄建復現在詳籌經費

中村巡檢司署 在縣西南五十里四明中村山康熙四十八年建前有門有堂有寢有廂共一十五間乾隆四十年巡司秦璜詳請復修共二历十五間

廟山巡檢司署 初在上虞之五都康熙八年移駐臨山衛城但僦居民舍乾隆四十二年巡司馬星燕捐建共房八間

三山巡檢司署 在滸山城乾隆三十五年巡司余鳴球詳請復修共房十四間何年移駐不可考

石堰場大使署 在治東北二十里龍泉鄉舊廨署俱廢圮今官舍廊房悉係捐建駐劄歲征鹽課由縣督催解納又由石堰場遞東爲慈谿所轄之鳴鶴場亦有附征餘姚鹽課由縣督催解納

舊志 古名買納場宋分石堰東西場慶元初置倉設官監之朱沂張孝聞黃震俱差監後以知縣兼主之已乃并東場入鳴鶴而存西場即今石堰場云元至正十四年建鹽課司於流亭山其官司令并丞明時司仍其舊有廳有寢有廨官二員今一員吏一名鹽倉五所今存其一曰北倉故有鹽廒三十八間倉後爲鹽池池後爲泄水鹽溝南倉在冶山一都之南湫有廒三十二間

埋馬倉在梅川二都埋馬市之南柵山倉在雲柯二都柵山梁堰倉在孝義一都之梁家堰並有廒一十八間永樂十八年罷景泰三年重建宏治以後聽竈輸價諸倉遂廢鹽運分司在鹽課司西有門有廳有寢各三間南北深五十二步東西廣五十一步今廢

營署 督司署 舊在臨山衛城康熙四十七年平大嵐山寇張念一以紹協右營都司移駐縣北城之東北隅設官署營房有頭門五間廳二間土地祠二間儀門三間堂三間箭廳三間書室三間內室三間廚房三間巡更房二間外照牆之東設營房二十五間都司城守營轄山海上虞等汛額馬步戰守兵一百六十二名

縣城汛駐防把總一外委一官舍九間營房四十間兼管郁家灣接待寺曹墅橋下壩四汛兵數在督司額設之內

守備署舊在瀝海衛康熙四十七年移駐臨山衛城內官舍十四間兼轄黃家路謝家臺方家臺五車堰口等汛額兵一百名

周家路水師汛營在周巷北二十里利濟塘之南官舍營房共六十間兵六十名巡船二座兼管觀海衛汛

臨山汛營無官舍寓守備署兵二十五名

周巷汛營無官舍兼管塹橋臺道塘臺等汛兵二十五名

滸山汛營無官舍兼管崔家臺趙家臺勝山臺等汛兵二十五名

梁衕汛營在四明梁衕鎮東官舍九間兵七十七名

中村汛營在中村洞橋頭官舍九間兵六十七名

北溪汛營在大嵐之北溪官舍九間兵四十四名

驛署　姚江驛久經奉裁先是驛署在縣北城外江下東北隅廢圯已久雍正十年知縣張承熹即其基址改建節孝祠基內尚存石牌坊一座乾隆四十年知縣程明愫令邑

人徐文燭監修節孝祠四十二年知縣唐若瀛查丈祠後基地召佃墾種以租入爲歲修之費

舊志驛在治東一里許嘉靖中重建有大門三間今廢儀門五間有廳五間有川堂一間有後寢五間有池亭三間有左右廊各十間今盡圮崇禎八年上虞欲移驛於壩上三院已允其議邑民徐宗周詣闕上疏事下撫按推官夏雨金申詳舊制得不變易而邑令朱芾煌由此調任去順治間虞人復爭之部院屬知縣劉桓審定如故

舊官一員吏一名今裁館夫八人水夫陸十柒人陸夫十八人看管什物夫八人今照舊站船七座今存正副鋪陳十六床今廢

按今驛係縣兼攝站船二座養膳應差夫一百名代馬兜夫二十名

迎送亭　在治西南負城面江即舊時舜江樓遺址向無亭乾隆四十二年知縣唐若瀛捐建廠亭五間顏曰姚江古驛於江岸增築石磡以便往來兩旁碑亭並新之

常平倉　在縣署東側雍正七年令葉瑄文詳建倉厫四十間乾隆七年令李瑛添建二十五間乾隆二十六年令王欒添建四十間共一百五間又倉廳三間守宿房三間牆門一座斗級四名額貯倉穀五萬石

舊志便民倉　在治西南一里二十步許廳三閒廒四十二閒後圮倉夫一名　常豐倉一倉在臨山衛二倉在會稽之瀝海所三倉在三山所四倉在慈谿之觀海衛五倉在定海之龍山所並領於餘姚官各一員吏各一名後革有廳有廨　預備倉凡五在縣治內爲中倉倉廳三閒廒十二閒六閒爲預備六閒爲存留其舊置七閒新建四閒斗級二名後改倉夫四名東倉在龍泉一都西倉在開元三都南倉在鳳亭一都北倉在燭溪一都並正統六年建是年邑人魏資善姜伯延各出穀一千石分貯五倉儲以備饑後四鄉倉盡廢

養濟院　在龍泉山右東長十八丈五尺西長十八丈五尺南闊七丈三尺北闊十丈

四尺中闊十二丈三尺屋四十二間知縣都杲建顧存仁修乾隆二十六年三十四年請項重修四十二年知縣唐若瀛重葺

縣演武場舊志向在治西北武勝門內前已廢嘉靖九年復置以西北隅倪澄王伯孚等官民田爲之東西深七十丈南北闊三十四丈後倪澄等具議以牟山新湖王府灣竹山西嶴高阜可田處一百三十畝給補之

廢署

舊志察院行署在縣東北百步許舊爲布政分司嘉靖中改爲之今邑人猶稱後司有重門有廳五間有川堂三間有後寢五間有左右廂各六間後廢

布政分司在縣東三十步舊爲府館嘉靖十九年燬明年通判

葉金署縣改建其址臨市民地拓之東深三十二丈三尺西深三十五丈北界火衙面城爲前門舊府館面東爲門中爲廳事後爲川堂各三間爲後寢七間左右爲耳房各三間前爲儀門五間金去知縣阮朝策踵成之萬歷十八年知縣葉燁重修後圯

〔按察分司〕在縣東門內由布政分司折而北凡五十步東西各深四十五步南廣二十九步北廣二十八步計六畝四分有奇制畧與察院等後廢

〔大江口壩廨〕舊址在壩西南計地二畝七分五厘今廢並壩有津廳一所官一員後革壩夫三十五人

〔臨山衛署〕坐北鳳山鎮遠樓下正德七年海水泛溢署壞重建廣一百二步深百十六步有正廳五間軒

三開左右耳房各四開吏廊左右各十一開儀門外門各三開儀門左為經歷司右為知事廳各三門外門之內為鎮撫司為千戶所署凡五各三開隆慶間改建左右兩營左住軍兵右住民兵近改為參將行署前增旗臺二座後增山廳三開衙北門內有海道公館在後所地東西各深五十步南北各廣二十七步廳屋樓房凡二十二開有軍器局三開在中所地有軍旗營房左所五百一十三開在衛東門內右所四百七十八開在衛西門內中所五百二十四開在衛水門內前所四百六十八開在衛西門內後所五百八十九開在衛北門內後皆廢有閱武場在東門外後廢

三山千戶所署坐北門虎山有門大門儀門各三開有廳正堂後堂各五開前為公館後廢

餘姚千戶所駐城中正統年奏革後察

院行署即其址（後廢）陰陽學舊在齊政門於外之西並

舜江亭通判葉金新建於布政分司左官一員（後廢）

醫學及惠民藥局舊在治東五十步後更建布政分

司右官一員（後廢）僧會司道會司（始寓僧會記於建初寺後無常處道

會記則寓於廣福觀後觀廢無所寓）其宋置而廢者有丞廨簿廨元

爲方民元帥府明爲按察分司有尉司元爲捕盜司

已乃改爲姚江驛今因之有鹽酒稅廨在治西五十

一步有米倉在治西二十步有百官倉在治西二里

有稅務有買茶鹽場有酒務並在治東一百五十步

有海堤倉在酒務之西（令廨宿建）有戶部犒賞酒庫二一

在蘭風鄉一在雲樓鄉有寧波驛牒佚其所有津亭二在治北一里有弓手營共弓手百人建炎初改廣福觀　元置而廢者有蒙古學知州李恭建　明初改爲醫學及惠民藥局有濟留倉在治東南隅有米倉在治東北二百步明初改爲餘姚千戶所有義倉都里各置之有上塘稅務在蘭風鄉明初改爲申明亭有李家閘巡檢司在通得鄉有鎮守司四莫詳其地　明置而廢者有餘姚千戶所正統八年罷爲布政分司有關隘二一在陸浦橋一在石堰洪熙元年巡按御史尹崇高罷之有稅課局在齊政門外洪武九年置

舜罷舜置正德三年罷之有河泊所二一在治南二百步洪武十四年置嘉靖九年罷知縣顧存仁畋爲虹橋小學十七年韓修撰佃居之其一無署永樂七年罷有外演武場在姚江驛東有常儲倉後爲預備倉云

餘姚志卷七終

餘姚志卷八

知餘姚縣事唐若瀛修

湖陂

牟山湖一名新湖（湖經）在治西三十五里東山三都周五百頃二十三畝三角二十步東距獅子山西距上虞之鎮都橫塘南距姜山北距湖塘灌田二萬二千七百八十七頃放水土門三一在蘭風班見村魏晟保餘並在方偉胡吉等保成化中俱改石閘歇水石湫一在胡吉保其水道南流至於東山一都之橫河減水閘又至於開原一都之風林堰水涇堰馬渚堰閏家堰甄家堰練子堰東南至於斷溪三都之丁貢堰沈家堰游源堰樊經堰菱池堰杜公堰東至於開源一都之盛涇堰長堰戴家堰小里堰東北至於孝義一都之橫路

堰小趙堰後樂堰夾何堰大趙堰任堰大程堰小程堰陸家堰梁家堰大陸堰又至於雲柯一都之中涸堰小馮堰張伯堰矮黄堰陸靖界堰又至於孝義二都之祁家堰許家東堰何勝堰低仰堰以上諸堰上蔭本湖水下通湖汐西南至於蘭風三都之柯家堰與夏蓋湖水分界堰上蔭夏蓋湖水堰下蔭本湖水西至於東山一都之湖埭堰鄉心嘯竹橋墹下蔭本篠墹諸壟墹矮瓷墹宋公墹上蔭余支湖水下蔭本湖水西北至於東山二都之楊水墹陸家莊堰張健墹上蔭余支湖水下蔭本湖水北至於開原二都之諸水涇堰東蒲堰箬林堰何山堰呂安堰邢保堰上蔭汝仇湖水下蔭本湖水又至於孝義二都之徐堰張虎堰孫塘堰湖堰許家堰上蔭汝仇湖水下蔭本湖湖水諸堰墹皆永閉不啓

〔明〕詩綜〈錢宰泛舟新湖唱詩二首〉清賞各有適何異同登攀君舟泊西澳我車上東山林光變宿雨溪響回晴瀾春深飛花歇日入好鳥還佳景欣所得毋令清興殘俯看縱壑魚仰見搶風翰物理固有待努力當希顏仰爲念窮達戚戚天壤間〈又〉湖水日已綠理櫂不可緩雜花當晝翻遠樹出雲短沙明宿雨霽風

急遊絲斷悠悠歡賞深歷歷佳趣滿酒盡客愁生歌殘離思遠世路方險巇窮居正蕭散山處復何必夕陽起樵管

汝仇湖 湖經 在治西北四十里東山二三等都原計九百七十一頃六十三畝三角三十步其西北一角撥墳臨山衛基量瑹一千二百八畝八分五毫爲田給民飜種外今止九百五十九頃五十四畝南距山又距喻格堰孟家塘與余支湖界北距海隄灌田九千七百二十五頃放水土門六在東山二都之謝拱堡陳秀堡內者各三都之陳衆堡倪賢堡內者各一是爲東土門三都之張滿堡張翼堡內者各一是爲西土門東土門之水東流至於孝義二都之林家堰湖堰孫塘堰張虎堰徐堰升減水閘一道上蔭本湖水下蔭牟山湖水

東南至於開原二都之界堰邱堡堰呂安堰箬林堰東蒲堰諸水溼堰上蔭本湖水下蔭牟山湖水又至於東山二都之董堰沙堰上蔭本湖水下蔭余支湖水西土門之水西流至於蘭風之練塽堰與千金湖水分界堰北塘下舊因臨山衛軍船取徑開通河港乃於練塽堰相對寨橋下作埭土塭堰一條積水溉蔭春夏修築秋冬開放餘堰俱無啓閉

萬歷舊志洪武初既將西北一角撥補臨山衛基而其既田如故用是水不給洪武二十七年耆民黄原敬上言乞築湖北海地爲湖以補給田之數則水可是乃下其議于浙江按察司於是副使楊名躬按視之乞如原敬言乃築新海湖湖周一千餘畝與汝仇湖北偏海隄抵界土門一在湖之東南每決汝仇先決海湖之水併於汝仇乃始決之是後請射繁興大妨水利訟湖者累累不能決萬歷己丑耆民楊金等控情三院檄府縣勘覈於是邑侯葉君燁躬詣相度劃去佔佃者十之九居民遂於湖東偏地名大湖門爲葉侯擇地建祠邑人翁大立記畧濱汝仇湖而居者皆巨宗虎踞海濱自相雄長耕牧漁樵並依湖牟利

里豪意忌訟湖者累歲不脊息賴督撫尙書胡公宗憲先爲邑令洞曉弊源檄邑令徐君養相立碑垂後顧碑猶未立佔佃者如故一逢水澇恐妨私田盜決湖防而湖外之田及旱乾無救矣猶賴水利道陳公擒渠魁數人斃杖下閧訟少衰顧湖防築矣增高培薄之功未施人雖有湖防無益也塘埭設矣啟閉不關於縣官雖有厲禁無益也徐湖何山三堰成矣撼以狂濤不贅以石無益也佃價革矣追籽粒而遷延歲歲月不登循環無益也濱湖湖者不綢禁矣城居勢家復佔湖以事壟斷雖有賢有司無益也語曰天下攘攘皆爲利往利利之所在卽賢達士大夫寧免染指哉萬曆己丑九月耆民楊全輩控情三院並移分守叅政王公檄府縣勘覈於是縣令葉君躬詣湖塽集衆相度劃去湖田二百六十畝有奇海湖地七百餘畝卽追佃業者籽粒修築湖門甃石爲堤帖眉山巡檢往來偵察以申復院道而鹺院韓公適以行部至檄縣樹碑以垂不朽授簡於余余考宋史紹興間寳文閣待制李光上言明越之境皆有陂湖湖高於田田又高於江旱則放湖水溉田澇則決田水出江入海故不爲災政和以來創爲應奉始廢湖爲田自是兩郡

之民歲被災患如餘姚上虞兩邑自廢湖以來所得
租課不過數千斛而所失民田常賦動以萬計遂先
罷兩邑湖田今日之事甚類紹興李光之言
似爲今日後賢留心民瘼者念之哉念之哉
〔舊志〕萬歷四十三年民謝伯盛等侵佔新海湖楊位
等呈於撫按知縣董羽宸親勘盡劃湖田天啟五年
奸民謝超指新海湖爲天漲海湖以大工學田爲名
共佃田一千五百畝零自此海湖與大湖分截潤澤
不廣崇禎五年謝璿復請佃知縣梁佳植禁之九年
朝議開屯朱泰淳乘之遂上言汝仇等湖皆可屯田
科臣王家彥阮震亨駁其不可奉旨大檄餘姚等處
既開屯無利有害不准行十一年謝超具呈戶部請
佃汝仇湖移咨浙江撫按署印饒若蒙申其不便狀
超百計營佃以犯衆怒遂至矐目折足縣民楊忠叩
闕言湖必不可廢部覆是
忠於是佃湖之議始息
〔東山志〕明倪宗正〔汝仇湖詩〕泛泛湖中棹縈迴白鷺
洲蒲芽含玉脆柳葉帶金柔白日春長住青山鼎轉
幽瓊花千萬樹隱約五雲樓〔馬蘭詩〕汝湖千
頃春波暖鳧鳴喜倒影落空明遙峯淨于洗

余支湖〔湖經〕在治西北五十里東山一都周五百頃二十三畝三角二十步東西南三面距山北距踰隔塘孟家塘與汝仇湖界灌田八千二百九十二頃舊土門七今土門三石閘二洪武間廢陳贊堡之施家門方旺堡之破塘門而存孫兒雅堡之于山土門何耶堡之李家塘土門陳祀堡之東北向土門其焉明村陳贊堡之嬰山土門余支村顧歇堡之東土門則改爲石閘東石閘及北向土門之水東灌於東山一都之宋公堰姜家堰南灌於竹橋堰鄉心堰矮凳橋堰諸般灘堰上蔭本湖水下蔭牟山湖水北灌於東山二都之沙堰董堰上蔭本湖水下蔭汝仇湖水東北灌於木條堰陸家莊堰張健堰上蔭本湖水下蔭牟山湖水西石閘及于山李家塘土門之水西灌於爾灌洼堰西北灌於楊湖堰並界於上虞縣西南灌於蘭風三都之馬家堰南灌於二都之湖埭堰俱上蔭本湖水下蔭牟山湖水西北灌於張公堰界於上虞北灌於二都之顧堰

乾隆八年奸民赴司請墾余支湖灘地檄縣察核里人何學思等皆言其不便知縣蔣允焄親勘藺風都三面皆山不通湖汊支港易涸賴余支湖灌溉田畝別無高阜可墾奸民之潛謀私墾者如律懲治立碑永禁

燭溪湖（湖經）在治東北一十八里龍泉二都按舊經昔有人夜行迷失道見二人秉燭夾溪而行因得路遂名燭溪十道志昔有人入山昏暗四塞迷惑悲泣山中忽有雙燭照之故名又湖內有明堂溪一名明堂湖俗又呼為濟水海　周一百三十二頃八畝一角二十步東西南三面距山惟東北一隅限以本湖之塘灌田一千一百七十五頃六十畝斗門二　宋王保村陳夏堡內者為湖東石斗門羅遜村朱從堡內者為湖西木斗門舊為土門湍旱善敗宋慶元五年縣令施宿竝作石閘本湖該梅川龍泉治山燭溪四鄉六都地勢高低不等古規設置堰閘分

爲上下二源其梅川二都計八里半梅川一都六里
龍泉一都內二里龍泉二都內七里已上俱屬上源
東以匡堰爲界西以橫河堰姚家堰小羊山堰張湖
堰爲界北以羅樹橋閘爲界俱以東門之水灌之其
龍泉一都內五里龍泉二都內二里俱屬下源東以
上源西界爲界中有樣堰陳堰馬堰節水西以石堰
西閘堰南湫堰爲界其燭溪一都六里沿山一帶雖
接江潮灌蔭不遇舊立焦家陡門每遇放湖後二日
次開西閘堰引取湖水到彼溉蔭至茅山堰黃公堰
止及冶山一都二里在南湫堰西有江浦相連亦與
西閘堰同時放水灌蔭至方清堰止俱以西門之水
灌之宋重和以前每決湖必並啓東西二門上原地
高卬水難猝行而其所灌田多至九萬五千六十畝
下原傾卑易流而江潮又日侵之其灌田則止二萬
二千五百畝以故上原坐受旱災世與下原諸豪家
爭宣和初縣令汪思溫乃改作湖西門臨之凡三尺
又於下原作樣堰陳堰馬堰及焦家斗門節水使毋
下流而上原之水猶不應慶元五年縣令施宿乃令
鑴廣東門石底凡三尺又決湖先決東門一日夜乃
決西門於是水利適均下原人乃皆黨比盜決諸所

節水堰閘放之於江故旱上原之田成化十三年湖溢西門壞復仍其故作閘思溫所築凡五尺上原人乃訟之於縣於府於司於臺久不決於是梅川胡禮上其事於廷其畧以爲定決水之先後作湖門之廣狹以均一方之水利此固昔人隨宜料理之深意然梅川之民不能日夜隄防於西門而龍泉之豪動相煽誘盜決於一旦則期雖有先後之殊門雖有廣狹之異而此湖之水終漏於下原此方之民終苦於上原是以歷世紛爭而不息也臣愚以爲莫如丈計二原之多寡築塘於湖而分其水則上原均蒙灌溉之利下原坐消盜決之奸利永民安殊爲至計上報曰可於是行浙江按察司覈治之副使文貴履湖檢田築塘分湖爲兩自梅與湖航渡西山以東俱屬上原塘以西屬下原自是利均訟息

（萬歷舊志）嘉靖初湖塘復壞胡禮之孫東皐規申都察院復以言令有司率民修之利如故云

雍正十一年胡某私墾湖田一十六畝三分夤緣報陞既而奸民盜墾日甚居民患之籲情合控乾隆十九年院司檄知縣李化楠同上虞知縣杜首瀛詣湖覈視盡劃盜墾之田重懲奸民勒碑垂禁惟胡某報

墾之田未刻三十二年胡某以報墾田界塹易溢盜決湖隄洩水居民復以爲言知縣多澤厚申其不便狀廼釐正舊界剗削報墾田一十六畝三分除其科稅

〔舊志〕湖邊人相傳有八景曰漾塘烟柳曰孤山雪梅曰顯沙聚鷺曰梅澳歸龍曰夾溪仙燭曰航渡漁舟曰白洋霽月曰翠屏晴嵐

〔姚江逸詩〕明倪懷敏遊燭溪詩〔序〕吾餘姚燭湖在邑治之東北萬山四環巨浸數十里予友孫君思賴諸昆弟隱居其傍與予有泛舟之約亦數年矣一日載酒俎邀予遊合童冠十有七人沿流歌咏歷航渡界暘池憩於楊氏精舍抵翠屏之寺而止解衣盤桓入座慶師方丈鼠葊囊衣爽氣砭骨凡諸洪陂列障爭獻奇怪無少與長皆陶陶焉湛湛焉其樂蓋與蘭亭諸會同矣因取杜少陵丈八溝納涼詩分韻以賦屬予爲序詩不盡工今摘錄二首〔孫樞得浪字〕平湖萬頃碧波漲發興攜朋遊慨慷吾宗兄弟亦好奇挈榼提壺能饋餉賀屐徐行泥活活楊柳陰中乘畫舫翠公相看總黑頭得意啣盃極疏放長風萬里掃輕雲

數朶芙蓉列晴暉中流擊楫奈爾何銀屋高低隨蕩漾招招舟子捷有神一篙直入荷花蕩白日亭午登招提遠近青山歷晴望老禪相邀供茗梳也復開筵悅情況暢家果出珊瑚珠竹裏行厨送春釀座中賓客盡能文豈愁下筆供詩帳分題賦就日將暝再詠再歌成放浪〔孫〕逝得京字殿閣薰風生爽氣爛湖旭日漾晴光探奇梅鳥雙山啟覽勝蓮塘一野航有客帶經來汴水攜朋載酒泛滄浪東林淨社知何在北海深樽樂未央饑棹遠尋松下寺鳴琴更坐竹間床禪僧出定談清況詩侶分題賦短章酩酊不知歸渡晚藕花風透葛衣涼〔孫〕陸湖上〔詩〕湖上攜樽坐翠微山芳冉冉襲人衣春來水漲桃花發社後風和燕子飛一艇斜維垂柳岸鷺鷗閒傍釣魚磯故鄉好景不知飢何用天涯苦憶歸

梅澳湖即蠋溪湖航渡西南之一曲北與蠋溪湖通有陡門今屬上原士人相傳本湖秋雨時有梅龍顧子湖水自北倒流而南入航渡橋波濤洶湧中高起一帶如脊常衝隤橋石一二塊亦大異也

黄山湖〔湖經〕在治東北二十五里雲柯二都周一百三頃三十三畝一角二十步南西二面距山東界附子湖北至海塘灌田一百頃有奇低土湫大土門一砂堰一大土門之水東灌於雲柯二都之廣墅廟閘又至於何莊堰堰西蔭本湖水堰東蔭附子湖水西灌於過佐橋至黃清堰昔黃清堰在柘山則堰上受新湖之水東有唐家堰與本湖相界及黃清堰徙於柘山之北則新湖之水盡灌於堰下故開唐家堰爲橋引本湖之水直抵堰上昔年亦有擅塞唐家堰不使本湖之水西流居民告縣開通迄今無敢西南灌於下宗宅角堰上港田上蔭本湖水下港田土蔭鱘子湖水西北灌於黃牛塘之北堰南灌於新湖漾塘北灌於海塘沙堰土門之水流至於砂堰下界閘而止上蔭本湖水下蔭獨姥湖水

獨姥湖〔湖經〕在治北四十里燭溪一都周四頃三十

六畝二角四十步東南北三面距山西限本湖之塘灌田三十頃陡門一在湖之西南偏雲柯燭溪二都水道有低卬流注不均正統四年請於官改謝汝堰爲不開分承福村鄒應洸慶等塍爲上原周班村王守禮徐照陳政王襲等塍爲下原湖水出大河西流至於官路堰又至於俞序宅角堰北流至於栢山堰南流至於謝汝堰開下流入大河至於馮珍王孜等堰東流至於孫徐嶼山西流至於陳判堰南流至於普明院之前又至於半山堰其塘北山下王皓孫等田亦灌之其水道東南北三面皆極於山西至大河

新湖〔湖經〕在治北四十里燭溪一都周四頃三畝一角二十步東南北三面距山西限本湖之塘灌田五頃舊上門東西各一今黃清堰既從于北則本湖之水俱在堰之下矣故衆東上門開唐家堰引黃山湖水直抵堰上西上門之水與獨姥湖水共入大河東流至於謝汝堰西流至於官路堰既通次開檀林

堰引水西至鄔思宅角堰次開楊殷涇引水東至官路堰次至馮則宅角堰次開低墓堰引水南至馮家堰西至官路堰並雲柯之地

烏戎湖〔湖經〕在治東北二十里龍泉一都周三十四畝東西北三面距山南限本湖之塘灌田八十畝上門一洪武間改石閘其水東流至於西鵰堰西流至於黃陵堰南至於黃喜堡北流沿於湖塘及沿山之田

千金湖〔湖經〕在治西北六十里蘭風二都周一千畝有奇東南北三面距山西限本湖之塘灌田一千頃有奇土門三第一門之水灌蘭風二都第六堡田至於南涇港口而止第二門之水灌蘭風一都七堡八堡田至於念畝橋堋頭打網堋而止第三門之水灌蘭風二都七堡八堡九堡田至於練埭

隔堰東北至高原沓堰與汝仇湖分界

桐下湖〔湖經〕在治東一十里通得一都周五百畝有奇東西北三面距山南限本湖之塘灌田二頃一十畝石斗門一在西湖塘北向其水東流盡於湖塘西流至於九疊山趾南達浴河一帶至於大官路北至於戴家山趾塘東一小石洞

穴湖〔湖經〕在治東一十里治山一都夏侯曾先志云吳時有望氣者鑿斷此山爲湖故名穴湖水經穴湖之水沃其一鄉並爲良疇周七頃四十五畝二畝四十步東西南三面距山西限本湖之塘灌田三十頃陡門一在湖北棗小朱堡內其水東流至於山西至於張郎閘朱郎閘南至於杜家堰北至於下庄橋土門

樂安湖（湖經）在治西二十里雲樓一都周二十九頃十五畝二角西北距山東南限本湖之塘灌田一千二百畝土門三曰張家門其水灌於七里之滸水田滕曰方家門灌於七里八里九里之郭家溲漾塘爲界曰陳家門灌於六里七里之郭家基邊堰故有北大門一湖檣一古石湫一後俱圮○乾隆二十四年奸民於樂安湖劃界分疆潛事開墾居民周步雲等控縣知縣劉長城親勘督令剗削勒碑垂禁四十一年周凌遠等踞湖佔墾者民王商美等上控署布政司徐恕檄道府會勘樂安湖盜墾之田有妨水利即令剗除舊設大小二閘歲久頹圮令王商美等修復以資灌溉而重懲其盜墾者布政司勒石府堂永禁私墾

臧墅湖（湖經）在治西三十里雲樓一都周八頃二十五畝二十五步西北距山東南限本湖之塘灌田四

百畝土門一水道三處一至於駱駝橋一與樂安湖水接界一至於金家山趾直至大河邊朱墅湖水接界

蒲陽湖 湖經在治西南二十五里鳳亭二都周五百畝有奇東距山民田西距山南距山民田北距民田灌田一千五百畝有奇土門一其水東流至於皂角堰又至於九畝滕與鴨蕩湖分界西至夏家牛閘頭北至於崔郎廟南郁於本湖之塘

前溪湖 湖經在治西南一十七里鳳亭二都周二百畝東西菈距山南至河塘民田北界湖塘灌田一千畝有奇土門一在湖北偏其水東至劉宜德堰堰東蔭莫家湖水西至藺桐堰堰西蔭蒲陽湖水南至本湖塘北至雙峯堰及皂角堰

莫家湖〈湖經〉在治西南一十五里鳳亭二都周三百畝東西距山南距民田山北界湖塘灌田一千畝有奇土門一其水東灌於徐孝墩嚴家漕極於山而止西灌於劉宣德堰堰西蔭前溪湖水南汭本湖之塘北灌於嚴家漕張善名門首

趙蘭湖〈湖經〉在治西南一十七里鳳亭二都周五十畝有奇東西距山南距田北至湖塍灌田三百畝有奇湫缺三其水東灌於夏家牛圈頭以東蔭蒲陽湖水西至於湖界堆南至木湖塘北至邛詠家側

鴨塘湖一名鴈湖〈湖經〉在治西南二十里鳳亭二都周一百畝有奇東西南三面距山北距湖塍灌田三頭一

十畝放水湫四日西邊湫其水自袁山人住宅邊古規湫港灌入何家宅與蒲陽湖爲界日山頭石湫其水灌於繆家嶴至馮家嶺并畟爾橋與前溪湖爲界日單家湫其水灌於蕭家漕日西邊低湫其水灌於周巷水港西至九畝東塍與蒲陽湖爲界

上林湖【湖經】在治東北六十里上林一二都周五十八頃五十畝一角一十七步東西南並距山北限本湖之塘灌田一百七十頃石斗門一歇水湫一（斗門在湖）塘稍西凡三里其水道分上中下三原其上中二原東流至於馬堰又至於張伯奴堰又至於慈谿之界塘西流至於蔡慶門首之横路南至於山趾北至於海塘其下原東流至於白石堰西至於馬壤又至於張伯奴堰又至於界塘又至於張雪堰鄭強堰陳高堰南至於山趾北至於海塘其决水先週於上原次中原次下原

萬歷舊志今湖水自斗門北行入於大河折而之東則至於白石堰北至於海塘折而之西則至於匡堰開與燭溪湖之水分界北流經油車橋入卑正港至於溫家壩繞楠樹閘岑草故宅止於海塘經所指馬堰張伯奴暇蔡殿門首橫路皆莫跡其所又決水皆一次週於所灌之地絕不分爲上中下原新湖經或據舊經之文失稽正云

乾隆三十七年修築湖塘加甃以石並修復斗門及撤水湫

宋高拾遺鵬飛詩風靜湖光一鑑浮青山四顧淡舒眸松陰滿逕歸來晚醉看巖花笑白頭

上嶼湖　湖經在治東北七十里上林一都周三頃六十六畝二角四十步東西南三面距山北限海塘灌田二十五頃石門一其水東灌於蓮樹堰虎頭暇西灌於白石堰爲上原東至於慈谿之鳴鶴鄉洋浦河塘西至於張雪堰陳高堰北至於孫貴門首橫塘爲中原東至於慈谿之鳴鶴鄉洋

浦河塘西至於朱湖下原人戸之田南至於横塘北至於海塘爲下原舊經决水以上中下爲先後

櫧湖　湖經在治西南一十八里通德二都周三十畝東至湖塍西距遮湖山南距倪扑園北距朱撫幹墳山灌田八十畝放水堰一東灌於世中寺田西至黄細兒田南盡於山北至於祝茂春田

東泉湖　湖經在治南一十五里雙鴈一都周二十三畝二角東至溪西至石埠南至田北至大路泉源流注渚以爲湖冬夏不涸灌田三千畝東流至於呂灌田西至戚謹宅田南至何細一宅北至沈爽田

康熙二十九年山水暴至衝决湖塘居民於湖旁山麓私築曲堤刜湖之半曰小湖乾隆三十五年小湖

水弱仍築大湖塘復湖之舊

西泉湖　湖經在治西南一十五里雙鴈二都周八畝三角東距田西距黃泥埭蒲南距田北距官路其源自葉家潭湧出流於何家潭天井潭注於本湖湖之水逕一通王山橋滿畢家堰逕之內泥堰二蔭田三百八十六畝有奇東流至於張添五田西至向平自宅田南至羅壽車頭北至王山橋南低田

鯉子湖　湖經在治東北三十五里梅川一都周四頭六十三畝三角五十四步西南竝距山東北竝界湖塘灌田五頭有奇水門六曰顏與門曰褚林門曰周邑門曰江猶門曰包定門曰劉與門其所灌地皋卬不倫近置黃家堰閘分上下原東流至於羅樹橋閘閘外蔡燭溪湖水西至於

雲柯三都八堡界山南沿湖塘北界海塘

附子湖〔湖經〕在治北三十里雲柯三都周一十六頃八十一畝一十步東距桐樹湖夾塘西距黃山湖長塘南距山北限湖塘灌田二十七頃一十九畝土門四在吳謙等堡其水東灌於眉山閘西灌於廣墅閘又灌於柯庄堰南沿本湖之塘北盡海塘其鮑家門原係石閘嵗毀承灌之田輒被旱災植利人乃各用資重置石閘瀦海地溝水遇澇啟閘泄水遇旱則柳給湖水蔭灌並湖田畝塘下有河嘉靖十七年鄉琛具奏開河闊二丈許杜塘潴滿水之弊至今賴之

勞家湖〔湖經〕在治北三十五里雲柯三都周一十一畝西南北三面距山東限本湖之塘灌田四十畝有奇土門一其水東灌至於官路路東蔭鯉子湖水西南至於山北至於民地地北蔭鯉子湖水

〔萬曆舊志〕宋慶曆閒餘姚縣令謝景初上言轉運曰
本治原有陂湖三十一所竝係衆戸植利蔭田累有
詔勑山澤陂湖不得占佃請射及無簿籍稽管奈今
官司因循請託或受賂遺許令豪右請射作田以起
納租稅爲名收作已業廢奪民田蔭灌之利爲害不
細乞爲轉奏勑下本屬明置簿籍稽管如違其所請
人及所管官司重行朝典轉運司即如狀具奏皇祐
元年奉旨送三法司依所奏施行縣司遂帖取責各
湖植利人戸具折本湖頃畝若干蔭田若干地形高
下啟閉時刻依例置簿赴縣查對每年三月至七月

植利人戶每湖輪差七人巡湖專管盜湖爲田如不覺察盜種一畝每人罰錢三百文每湖塘一里差人戶二名看管塘堤湫堰并蔭圉湖塘樹木一月一替於界首蓋小屋子充宿置簿遞相交割赴官簽驗如湫堰損缺塘樹被盜等情不行報申據地分每人罰錢一貫仍具木碑一面出示謂之規繩皇祐閒縣令王敘遂鏤板印給植利人戶名曰湖經嘉泰中縣令常褚元至元中州守汪文璟俱重刻明成化初紹興知府彭誼每湖各勘四至類附舊經之末而再刊之今余所見蓋成化本也夫湖經歷更數賢之手足稱

詳備然考各湖及蔭田頃畝之數多誇張而無實如牟山湖稱灌田二萬二千頃有奇夫全書通邑計畝僅滿六十萬而牟山湖乃三倍而有餘推之各湖皆然此蓋一開卷易見而以諸賢之明達漫焉不省必非然也抑植利者所僞增歟今別無可證謹仍湖經所載以俟考核

　案湖經所載灌溉頃畝萬歷志譏其語多誇張舉牟山湖蔭田二萬二千餘頃以爲證余考嘉泰會稽志及永樂紹興府志俱云牟山湖溉田二萬二千七百八十七畝乃知畝誤爲頃湖經係傳刻之

訛爾然嘉泰志永樂志所載諸湖祇言大槩如黃山湖樂安湖灌田之數與湖經符合至東泉臧墅諸湖俱不載其灌田頃畝今亦未能悉據以改正湖經訛字也余初議修志郎博訪都人士考正諸湖疆界並欲親詣湖壖勘其四至覈實其灌溉田畝作湖考一書會余將調任錢塘有所不暇今所載諸湖俱從湖經原文不易一字惟康志於汝仇湖有脫文茲據湖經暨萬歷舊志爲增補三十八字焉越人請射湖爲田見於南史盜墾湖田之風至今未息然山陰之鑑湖蕭山之湘湖前志皆述

其盡劃界墊之田瀦蓄爲湖遂成永遠之利是深明大義者又莫如越人也余見湖旁多淤地每勸居民及時濬治庶可以廣蓄湖水且以絶奸民盗墾之謀有撓其議者曰湖旁淤地開墾爲田無妨於水利是大不然夫淤地墾田其地形必較下於四傍之田積雨數日不能不盗决湖水偶遇亢旱則新墾田先需灌溉而四傍田俱成稿壤以蓄水之地反爲佔水之區此勢所必至也盗湖爲田律有明禁自好者又何事爭此尺寸之水以身罹法哉

泉水潭（舊志）在治南少西一十五里鳳亭一都不盈二畝分流兩涇灌田四十餘頃

華清泉（舊志）在治東北十里冶山一都客星山南麓深廣不過咫尺而泉源不竭灌田三百餘畝

案二泉不以湖名而灌溉頗饒今從萬歷志附載

冷水堰（舊志）在通德三都其地不通潮河引堰水灌田七百餘畝相傳始於元祐洪武初龍水衝塌七年里人陸彥彬爲首派利植戶每畝銀二錢西岸浴山鄉通五里許天啟五年慈邑爭水加縣鄉幾告斷如舊額

案冷水堰不見於萬歷舊志茲從康志增入

桐樹湖（舊志）在治東北四十里龍泉一都周十一

頃有奇宋慶元四年縣令施宿以高卬無水利將七百四十五畝作田布種每年課其稅入海隄倉爲築塘之費原存四百畝有奇後盡廢爲田僅存一勺

松陽湖〈舊志〉在治東南二十里通德三都闊七十畝東距湖塍西距河南距姚得善田北距官路蔭田一頃九十畝洪武十九年丈量作田中餘小港一帶引湖車戽灌田

寺湖〈舊志〉在治東北五十里梅川二都周八十三畝二十步明洪武十九年悉計畝科入以上三湖廢而未復

案三湖俱廢於明初而永樂紹興府志尙存其名

蓋當時尚圖修復也今無可復考

湖在上虞界而分隸餘姚者共三所

漁浦湖〔舊志〕在治西北六十里上虞之永豐鄉亦名白馬湖按舊經引夏侯曾先志云驛亭埭南有漁浦湖深處可二丈漢周舉乘白馬遊而不出衆駭以為神因稱白馬湖十道志云舜漁處也周一百一十五頭六十五畝二角三十六步東西南三面距山北限以塘與夏蓋湖界灌餘姚之東山蘭風開原三鄉及上虞之西瀦五堡田一百二十頭四十畝土門一在上虞縣三都之賁家堡唐貞元中置湖門三所別於北門置放水塘四百步今止存其一門每缺水必先作夏蓋湖內橫壩及上虞之瀦賁等港始開驛亭堰及賁家陡門行水灌東山蘭風開原等鄉泝流餘三十里

小櫨湖

〔舊志〕在治西三十七里是湖本屬上虞而灌溉之利乃及於雲樓鄉者以水勢東傾而就下也周五十五頃一十畝一角四十步西與大櫨湖分界東北限本湖之塘南距大官路灌田一十二頃上門五曰小穴湫其水灌於楊樹河頭曰東塘角湫灌枇杷山田二十四畝曰張午湫曰大湖門壩灌於大江口壩之于家港曰邛頭湫灌於枇杷山之裏

夏蓋湖

〔舊志〕在治西北七十里上虞縣界口水經云西陵湖東有夏駕山亦名夏駕湖湖內三十六溝其水灌上虞之新興等五鄉之田而陳倉堰閘之水則灌餘姚之蘭風一都四堡五堡七堡九堡十堡之田一萬六千畝有奇其水道自本湖餘姚溝開起至抵界陳倉閘放水灌蔭四堡五堡之水西南至西夾堰坐上虞之第四都西至聚涇堰坐上虞之第五都南至棟樹堰湖門埭堰東至桐樹堰張公堰何婆減水閘又至於李鹽堰北至茹家堰七堡九堡十堡則與上

虞之第五都聯溝共港東厓東至李鹽堰北至繆家
堰南至茹家堰上虞諸鄉放水六次餘姚溝放水三
次此皆古規二縣之人世守之其後上虞之豪陳富
之懷奸挾私不肯與吾姚同利乃謀廢革往跡洪武
六年蘭風人胡炫輩訟之憲府憲府檄知府唐鐸及
府判吳敬按治悉復古規仍於本府及二縣之廳事
本湖之陳倉閘各樹一碑志其本末俾世守毋改焉
〔紹興府儒學教諭王儼爲之記〕曰越之屬邑曰上虞
去邑東北四十里有湖曰夏蓋周圍一百里有奇相
傳邑人捐田瀦水灌其五鄉之田隣壤餘姚蘭風之
田均賴以灌郡志所謂夏蓋湖一百五里蔭注上虞
縣新興等五鄉及餘姚蘭風鄉是也昔人作渠引水
俱有定規歷世既遠或廢湖爲田或復田爲湖變置
不一舊規湮廢虞邑之人曰湖水我土地所有於姚
江乎何與故吝而弗與姚江之人則曰水宜通利無
往不達豈虞人所可專故爭而不解自其情而論之
虞邑之地高姚邑之地下水誠一洩勢若建瓴虞邑
將有旱暵之菑于茲水不得不斷蘭風他無所瀦不
得是水其田亦不能有成於茲水不得不爭向自前
宋以迄於元訟無已時二邑之人既各嗜所欲而不

通彼我之情長二邑者又往往各私其民而不能不
此湖之訟此其爭之所以弗息也既版圖歸化姚江
民胡茲輩白其事憲府憲府檄其郡守唐公鐸考其
實相其宜以均其利於是移判府吳公敬親詣湖所
會二邑之長與其耆老考索往誌尋求故跡咨詢輿
論僉謂蘭風一都田爲茹謙七九十堡並與上虞接
境素藉茲湖之水茲輩所言四五堡田爲畝者六千
亦宜蔭以茲水餘皆去湖遠勢不相及彼有堰名陳
倉攔於二邑之間作閘其上通水以蔭蘭風之田甃
之以石閘之以版錮之以鎖戒近民守之而上鑰於
郡遇亢陽二邑同給鑰詣陳倉集乃父老啟閘疏水
適可而亟鎖之即上鑰焉庶杜過求之私遏相爭之
患議定辭協于一郡守盡召其耆民集於庭親諭之
者三言允情協乃復於憲府命二邑與作渠已而渠
成且期不變所議也俾記其事而勒諸石其後永樂
間上虞修邑志乃於本湖疏曰秋後二日於陳倉閘
放水四個時辰每遇決湖其圩甲諸色人指此藉口
不得應時放水灌溉蘭風一鄉之民重遭其困復訴
於郡宣德初郡守陳公耘手批云彼及蘭風古規可
准湖專虞邑新志難憑蔭灌適其旱時瀦蓄庶乎有

利必於秋後三日纔放水槳若或夏至高塘豈不斥地立辨虞人之奸決罰之復與餘姚均利云按建炎四年給事中山陰傅崧卿守鄉郡時餘姚陳槖上書曰古之設陂湖以備旱歲王仲嶷建請以爲田乃引鑑湖自然淤澱已成田陸爲說又有不妨民間水利之語其欺罔甚矣然佃戶占請之初各有畝數不敢侵冒當時湖之爲田者才十二三佃戶止於高卬處作埂未敢涸湖已自便民田尚被其利但瀦水不如曩日之多故諸鄉之田歲歲有旱處比年以來冒占不已今則湖盡爲田矣以夏蓋湖推之諸處可以類見槖所知者止上虞餘姚其它四邑皆不可知新昌嵊縣無湖上虞餘姚所管陂湖三十餘所而夏蓋最大周圍一百五里自來蔭注上虞縣新興等五鄉及餘姚縣蘭風鄉此六鄉皆瀕海土平而水易洩田以畝計無慮數十萬惟藉一湖灌溉之利今既涸之爲田若雨不時降則拱手以視不稼之焦枯耳其他諸湖所灌注皆不下數百頃在餘姚若汝仇牟山燭溪上林余支千金漁浦黃山樂安等湖所灌田動以數百頃植利人戶倚以爲命而乃盡奪之一遇旱暵非惟赤子饑餓僵踣道路而計司常賦虧失尤多雖盡

得湖田租課十不補其三四又況每遇旱歲湖田亦隨例申訴官中檢放與民田等昨見上虞丞言嘗蒙上司差委相度湖田利害因點對靖康元年建炎元年湖田租課除檢放外兩年共納五千四百餘石而民田緣失陂湖之利無處不旱兩年計檢放秋米二萬二千五百餘石只上虞一縣如此以此論之豈不較然民田所損又可見矣但當時以湖田租課歸御前與省計自分兩家雖得湖田百斛而民賦虧萬斛發侍之臣猶將曰此百斛者御前所得也不撿湖田何以有此省計虧羡我何知哉今湖田租課既充經費則漕臺郡守因當計其得失之多寡而辨其利害夫公上之與民一體也有損於公有益於民猶當爲之況公私俱受其害可不思所以革之邪槖得之父老云本州之湖其自然可以爲田者唯有鑑湖高卬去處蓋不失水利兼與民田亦無相妨其它皆隨湖廣狹以定植利之頃畝尋常湖水平堤旱歲常憂不足愚意欲望執事斷以不疑除鑑湖外諸縣湖田悉罷之以便民誠不貲之利也紹興二年上虞令趙不摇言縣所管夏蓋湖爲田不便吏部侍郎李光奏一方利害無甚於湖田乞比較與湖爲田以來所失常

賦孰多孰少自政和以來以湖爲田者乞復爲湖得
旨張守具經久利害以聞限三日知越州張守言上
虞縣夏蓋湖改爲田者一百三十一頃二十四畝餘
姚縣汝仇等湖一十三所改爲田八十一頃四十九
畝二年內賠失米四千二百三十六石八斗有零民
間所失當復數倍復廢爲湖自此兩縣可望全熟委
是經久有害無利奉旨
依仍自三年正月爲始

案嘉泰會稽志漁浦湖小楂湖俱載入餘姚而夏
蓋湖舊名餘姚瀦水澤流通不使一縣專其利自
宋以來已有定制矣今仍其舊章云

海隄 舊志沿海共七塘一大塘二新塘三周塘四夜
塘五潮塘六二新潮塘七三新潮塘界牌離六七里

舊志海在治北四十里東起上林西盡蘭風七鄉一

十八都之地悉瀕於海水經云餘姚故城背海趙儆賦維會稽之東匯分表姚邱之崇崇瀕海陬之垠堮分出有虞之支封海水北薄海鹽東通定海之蛟門西過纂風亭入鱉子門通於錢塘江暑薄凉微天雨初霽海中有蜃氣夾雲而興倏忽變幻殊爲奇觀秋冬值風雨之候又時有海氛彌望蓊鬱商賈或泛海取捷謂之登潭宋燕肅曰潭者海中沙也錢塘海門之潭亘二百里登潭趨餘姚者一由錢塘江過鱉子門一由海鹽澉浦並至於東山之四門或收於歷泥山宋元時海舶並入梅川之陳家浦過風恬浪靜瞬息可濟亦時有覆舟者海水南有斥地縱十數里橫亘八九十里其產魚鹽蝲蛤稻黍菽

麥瓜蔬木綿蘆葦諸鄉細民生業其中然海壖鹵脆
潮流溢決數十里之地爲海所漸浸入內地蕩民居
害嘉穀前代苦之於是作隄禦海宋慶歷七年縣令
謝景初自雲柯達於上林爲堤二萬八千尺其後有
牛秘丞者又嘗爲石隄已乃潰決於是歲發六千人
人役二十日費緡錢萬有五千僅補罅隙民疲而害
日甚慶元二年縣令施宿乃自上林而蘭風又爲隄
四萬二千尺其中石堤五千七百尺歲令令丞簿尉
分季臨視廟山三山寨官月各遣士兵與鄉豪邏察
有缺敗輒治仍請於朝建海隄倉歲刮上林沙田及

汝仇桐木等湖廢地總二千畝課其入備修隄費海隄倉及各湖廢地今無一存者至寶慶及元大德以來復潰决海壖內移八鄉之地悉漸於海至正元年州判葉恆乃作石隄二萬一千二百十一尺下廣九十尺上半之高十有五尺故土堤及石堤缺敗者盡易以石蓋沿海壖之南東抵慈谿西接上虞袤一百四十里初名蓮花塘今俗呼爲後海塘宋時分東西部自雲柯以東者號東部塘始築於景初〔謝景初董役詩〕五行交相陵海水不潤下處處壞堤防白浪高於馬董衆完築塞跋履率曠野使人安其生茲不羞民社其雲柯以西者號西部塘西部之內曰謝家塘在治北四十里曰王家塘在治北四

十一里日和尚塘在治北四十二里皆前人觀水勢底止因便宜分部築之長短高下異形至葉恆所築則因舊為新包山限海綿亘為一無復部分明百餘年來所以無大害者多恆之功然民皆習安利排海壖而居堤日削不完成化辛卯海溢民多溺死正德壬申海又大溢溺死者無算於是始興人徒築之成化辛卯知縣劉規主簿張勛董役正德壬申巡撫都御史陶琰檄縣丞楊昌廷及崇德縣典史李滋董役堤僅完年久又多毀缺每三秋值大汛潮天常連雨東北風張甚海鷗咻咻夜鳴海鷗俗謂之大水鳥瀕海而居者多憂海溢隆慶己巳萬曆乙亥壬午復大溢農書云冬至後七

日逢王主海翻騰其言頗驗故海堤不可不謹也先是海塘未完築土隄於内地以防潮汐淤決其制隨地形上下散漫不一曰散塘今皆不治及海塘漸圮潮復卻沙壖日壙起可藝永樂初始於舊海塘之北築塘以遮斥地曰新塘以别於舊塘云已而沙壖益起海水北卻十里許其中俱可耕牧成化間水利僉事胡某復於海口築塘以禦潮曰新禦潮塘自是斥地之利歲登而國家重鹽法亭民苦煮海天順間寧紹分司胡琳請以新塘至海口之地盡給於竈不爲鹽課根業毋令軍民侵漁之詔可乃豪強罔利者告

許無已宏治初詔侍郎彭韶整理鹽法議非竈戶敢有侵地者每畝歲科銀八分謂之蕩價給竈補課而強豪愈益爭不解竈苦之其明年紹興府推官周進降察民竈之情相地淺深於新塘之下築塘界之塘以南與軍民共利其北惟竈戶是業因稱塘曰周塘岑頁道曰自梅川以東其闕四五里內並可爲田悉在水泉寡不被然令塘南田者遇旱即夜穴塘引海潮水灌之誠令缺古塘張斗門南北通水互灌可以兼利是塘北亦有水泉也稍不足則於並山顛高處爲湖瀦備旱如新海湖及海湖並取諸海地修築納塘令高完於浦口多張水門春雨水溢決使入海秋冬築之以障潮汐如此則塘北之地漸爲沃壤畝可萬計畝收一鍾則北鄉民食可坐足矣其北偏不可田者相其地形令水工準高下博議利害穿大河東注觀海西注臨山即於海浦令通轉輸免內河

勞費利軍國通商旅其水又足以溉田又一勞永逸之大利也沈應文曰竊見禦潮塘北沙塗漸漲去海踰遠非若昔時石隄之下即鯨波巨浸也以故塘南一帶頗爲膏壤梅川上林宜禾稼地重孝義開源等鄉以木綿豆麥爲利樹藝既殊水利亦異滸山而東各於田下濬新河益深畜陂澤覩爲己業滸山而西原有溝渠相通南北旱可互灌潦可洩水若木綿豆麥其利倍於嘉穀而水泉似可少緩因地制宜規畫已盡非復曩時比矣至古塘下穿河東西横亘舟楫轉輸商民並受其利嘉靖乙卯倭舟泊海涯北鄉首受其蔵邑令李伯生請於古塘下開新河以備倭東自觀海西達臨山相距百餘里濶二丈深一丈許路口各置柵門鄉兵巡邏守禦亦隱然有金湯之勢而患熄備弛豪强擅塡基以廣其私畝河之故道猶未盡湮也開之而用以溉田一利也淫雨接旬暴水忽漲水有所洩二利也便舟楫通轉輸三利也海上卒有警長河之阻足備非常四利也

築餘姚背海爲城沿海民田沙地賴堤以禦潮汐

所係綦重舊日之蓮花塘與塘下增築諸塘日就
隳圮舊志所載沿海七塘今皆離海闊遠矣雍正
二年周塘下增築榆柳塘乾隆二年復請發公捐
錢加築完固先是餘姚海塗歷年漲沙當增築護
沙塘雍正十二年於榆柳塘外民竈按丁捐築利
濟塘乾隆十二年以工代賑請帑銀一萬四千餘
兩添築梁下倉滬東千墩直塘十八年奉部咨於
鳴鶴石堰二場民戶竈戶按田捐錢每年共額徵
五百二十四千五百二十八文積收成數分年修
築支鎖二十六年發公捐錢排積土牛一千五百

五十四座以衛塘基恭遇

聖朝澤周遐澨渤海安瀾蒙休樂利斯沿海居民之厚

幸也今濱海塘堤惟大古塘周塘榆柳塘利濟塘

四條最爲扼要已見海塘圖茲錄榆柳塘利濟塘

規制於左

榆柳塘迤西自梁下倉方東路爲界東至慈谿分界之

洋浦設溢洞十六以洩山水及蔭二浦橋閘

利濟塘自西梁下倉方東路增築至東洋浦與慈谿分

界乾隆二十三年依千文編列字號碑碣七百七十

七座通塘工長一萬五千五百三十三丈五尺分梁

下梁上三倉栢下栢上二倉堰上堰下二倉及杜家團上中下三管分員管轄經理添築之梁下倉馮東千墩直塘自火字號至而字號風灣單道工長三千四百餘丈又自火字號西至上虞烏盆天字號册段石土塘工長一千三百餘丈塘外留護沙二十丈禁刨土割淋勒碑於海塘中道永爲制

閘 萬歷舊志在雲樓之一都者曰運河新閘大江口壩上運河十八里其塘起自塘上至慶源橋僅百丈而内障河水外捍江潮閘則備旱㬥水以資溉浸然埤而善圮河水立涸豈惟病旅且以病農明萬歷丙申

里人陳大年有年周憲副思宸白於分守道吳獻台檄下衆議將壩夫新認役銀井鹽埠共計緡錢百二十千爲椿石費半載而工告成遍立石壩上周憲副爲文以紀其事　在通德鄉之三都者曰李家閘宋建隆三年建今廢已久二石柱尚存溪流遷徙不常不敢議再建曰周家埠閘節剡湖之水緩注於江旱時頗爲有益　在龍泉鄉之一都者曰石堰閘西南受姚江之潮灌於龍泉諸鄉其東受橫河游涇之水行之於江實餘姚東北方水道咽喉而其水門窄隘潮水無大出入司閘者射商舟之利縱閉不時旱潦

無所於漱曰南湫閘節燭溪湖下源之水使不下傾於江曰東横河閘節燭溪上原之水使不傾於下原○在梅川鄉之二都者曰匡堰閘節游涇及上林湖之水水門亦頗隘不能洩游源諸淵暴水曰水瀉閘今廢　在上林鄉之一都者曰白石堰閘節上林上嶴二湖之水在二都者曰雙河閘曰洋浦閘今廢東界於慈谿之鳴鶴鄉水自上林西南行六十里經四堰四閘始達於江東注鳴鶴地界易流不十五里已達於海唐景隆元年乃創二閘於樣塘之南曰雙河北曰洋浦洩上林暴水宋乾道九年開慶元年元大

歷閘皆修治之以故上林諸鄉寡水患明永樂初西廢上林之岑家埭宋時嘗置此埭以絕梅川游溼之水東廢鳴鶴之黃泥埭置松浦閘水東行益利而慈之豪猾者故欲塞雙河閘輒下土石以射鹽夫負販之利每霖雨水暴至盡淹上林諸鄉禾稼廬舍正德十一年里人毛鳳何明孫俊始白其事於御史臺慈人忿爭之積歲不解更巡按御史成英劉廷簠檄台郡守顧璘杭郡同知丁儀臨治之於是觀地形考便宜咸謂雙河置閘有利餘姚無妨慈谿乃踵唐宋以來之蹟復爲石閘餘姚人世守之且與慈谿併力疏浚洋浦使永無塡

淤反壞之害然累年爭且未息在慈人則曰雙河原有被山洋浦二閘洩水入海即今洋浦已漲爲桑田高亘一二十里倘議開浚非萬人之力不可慈人肯併力而均作乎吾有以知其不能也則雙河之水將安歸哉況上林地高鳴鶴地低貪負販之小利強鄰壞以必不可受之害非計之得矣　在燭溪鄉之三都者曰礶山閘南通江湖直至黄清堰北受燭姥湖及新湖之水春夏閉以利農秋冬開以出商而市猾故爲築塞恣其需索商民兩病萬歷二十七年居民嚴史澤等呈縣遂立石示誡然此弊蓋不特礶山一

閘爲然也

〔舊志〕梅川鄉二都徐家塔之東北曰勻元閘下截勝山後不御之鹹潮不入於田畝上滙勝山前之蓄瀦平流悉奔注於閘以佐湖水之不及里人徐岦徐嶸捐貲倡助在燭溪鄉礶山堰之北曰謝汝堰閘在孝義雲柯兩鄉之界者曰化龍堰曰低仰堰閘亦名低塘堰堰有二曰後低仰堰閘在化龍堰南一里稍南半里許曰南低仰堰稍北又置一閘以分南堰水勢舊志祇載其一在雲柯鄉者曰扶疏堰在東山一都之西者曰湖東堰即余支湖之東上門在蘭風鄉者曰兩灌注堰曰顧

堰曰無名堰以上諸堰俱於乾隆中修

陡門萬歷舊志在燭溪鄉曰菁江陡門在梅川鄉曰廟山陡門在冶山鄉曰諸郎陡門曰孫家陡門在鳳亭鄉曰黄莊陡門在雲柯鄉曰眉山陡門在雲樓鄉曰横河陡門在上林鄉曰孫家陡門曰焦家陡門曰孟家陡門在孝義鄉曰仁風陡門在龍泉鄉曰沙河陡門

壩萬歷舊志大江口壩亦名下新壩在治西南三十五里雲樓鄉左江右河河高於江丈有五尺明越舟航往來所必經

餘姚志卷八終

餘姚志卷九

知餘姚縣事唐若瀛修

物産

穀之品　秔蚤熟者曰蚤白蚤紅泰州紅野紅細稈紅上虞白黃巖稻晚熟者曰晚白黏晚白黏黃黏縮頸白羅村白湖州白九里香光頭九里香八月白晚青

糯　趕陳糯蚤黃糯水偎糯矮黃糯光頭糯旱田糯天落糯珠子糯金裹銀泥裹變畔社蚤珠

麥　大麥蚤晚二種糯麥紅黏作酒[illegible]六稜麥小麥赤白二種娜麥穗如大麥種異者蕎麥品下者雀麥萬歷舊志大麥立夏前熟稻新陳不續賴之作飯昔朱晦翁勸孫季

和于燭湖待以麥飯朱賦詩云葱湯麥飯兩相宜葱補丹田麥療飢莫道儒家滋味薄前村猶有未炊時

〔豆〕蚕黃豆晚黃豆烏眼豆白眼豆青豆褐豆赤豆棗豆赤小豆白小豆羅漢豆油豆虎斑豆羊角豆豌豆豇豆赤曰赭帶豆茶豆毛豆刀鞘豆白藕豆赤藕豆

〔粟〕秈粟稻粟糯粟狗尾粟水粟穄粟

〔麻〕堪食者曰胡麻芝麻 堪績者曰苧麻葛麻黃麻

按元一統志餘姚產秔秫麥菽各視土所宜舊志所載種類多本於嘉泰會稽志蓋山林藪澤原陵淳鹵之地種殺必雜五種以備災害猶古制也然經歲所入不足供半歲之食仰糴鄰郡時見拮据

焉

〔蔬之品〕白菜　芥菜　白芥菜　油菜春日食其心曰菜禾〔嘉泰會稽志〕草芽曰禾凡草本華多禾挺然秀擢者禾使之然也　雪裏蕻〔四明圖經〕雪深諸菜凍死此菜獨青　萵苣　菠薐　莧菜　馬齒莧　薺菜　甜菜

芹菜　春菜　傯人菜〔浙江通志〕春夏雷雨驟作俄產白水山崖石立採可得移時亡種　苦蕒　茼蒿　葫荽　菜菔　胡蘿蔔　蹲鴟〔舊志〕俗呼芋艿　薯蕷　蔓菁〔嘉泰會稽志〕山蔓菁惟餘姚龍泉有之劉綱夫婦所種婦先飛昇約綱云菜熟亦仙去朱翌詩云天上佳招飛鸞駕人間春色到蔓青　石耳〔嘉泰會稽志〕生四明山絕壁　石芥〔舊志〕產四明山　國朝〔全祖望勾餘土音〕石芥詩絕谷有孤根種僻大小葉莖之和芽耳餘辛滿齒頰　瓠子　茄子　黃瓜　絲瓜

背瓜　甜瓜　南瓜　北瓜　冬瓜　西瓜（浙江通志）產眉山者佳剡縣如优者更勝　葱　韭　薤　蒜　薑

果之品　梅（寶慶會稽續志）右梅餘姚有之老幹奇怪而綠蕚封枝苔絲四垂疏疏花點綴極爲可愛他處所未有也俞亭宗詩云疏疏瘦蕊含清馥矯矯虬枝綴碧苔疑是髯龍離雲殿蒼鱗透濯玉妃來

桃其實特大者曰半斤桃　夏白桃　夏紅桃　鷹嘴桃　十月桃　毛桃

杏曰杏梅　杏桃

李曰粉翠李　茄李（嘉泰會稽志）餘姚有粉翠李茄李其實類亦七夕後始熟　麻李　麥李　青甜李　黃蠟李　瓜李

柰　櫻桃　花紅　蒲萄　楊梅（舊浙江省志）產燭湖山者最佳其種曰荔枝爲上湖南次之早酸爲下（明）孫陞文恪集（懷歸詩）萬樹楊梅絢紫霞燭湖佳品更堪誇自從名繫金閨籍每歲常時不在家

柿（舊志）俗作柿非柿曰方音肺削木片也

梯綠梯朱紅梯牛心梯寒梯丁香梯　石榴　梨

棗　栗　銀杏　柑　橙　香圓　橘〔浙江通志〕產東山謝氏園者曰謝橘小而甘　金橘　金柑　柚　枇杷　榧子　櫧子　梧桐子　青櫺子〔寶慶會稽續志〕青櫺子出餘姚四明山史忠定詩曰羽幢新從帝所回餘歡未盡珉莚開醉拋青子香泥上留與仙人取次栽〔紫桃軒雜綴〕四明山產青櫺子其樹不可見每子石上得之蓋洞天中物神仙所秘耳國朝〔高士奇獨旦集〕〔青櫺子詩〕漫說戎王子青櫺亦自殊寶堅疑綠玉美色勝瓊腴鳥啄風前鬬猿偷月下呼山家何處覓空自想雲腴〔四明山志〕〔靳治荊詩〕木實號青櫺圖經秘此名神龍嘗未得爾雅說徒爭不可辯求見誰云次第生如堪資服食肯惜禱祈誠〔白雲詩集〕〔盧存心詩〕環巖有奇樹雨後果自落青青綴珠璣滴滴墮溪壑林中守斑虎雲外銜元鶴味儁禹餘糧珍入神農藥何必仙山桃萬里覓度索

按萬歷舊志載史浩青櫺子詩四明山志据道藏改作史洸浙江通志又作李光今考寶慶續志稱爲史忠定作則萬歷志作史浩者不誤道藏多訛字不足据也皮陸四明九題內有青櫺子鞠侯詩今並載入藝文

水實之品蓮子 菱 芡

花之品玉蘭 木筆 繡毬 海棠 杜鵑 瑞香 蠟梅 長春 剪春羅 荼蘼 薔薇 玫瑰 水僊 山茶 山丹 碧桃 絳桃 牡丹 芍藥 紫薇 紫荆 千層榴 火榴 玉甌 金絲 映山

紅　丈紅　芙蕖　萱葵　木槿　桂　菊餘姚人喜栽菊羅列異種重陽各攜盆盎相聚謂之菊花會（江湖集）（宋高翥詩）新分菊本自劚山手縛枯藤作矮闌比似著書空用力種花猶得一年看（又對菊詩）親向東籬手自栽夕陽小徑重徘徊花應得似人乖覺過了重陽爛熳開　夜落金錢　月季　鳳仙　雞冠　蝴蝶　罌粟　紅花　棉花

草之品　芝　蘭　蕙（浙江通志）蕙生深谷中然餘姚治南大江乃獨產蕙蕙因名蕙江（羣芳譜）餘姚縣西南竝江有上林浦產蘭其地曰蘭墅洲　長生草（浙江通志）餘姚上林湖盤羅石上產長生草　卷柏（嘉泰會稽志）卷栢俗呼長生不死草生餘姚縣四明山雖甚枯槁沃水即葱翠甚爲異也謝靈運山居賦卷栢萬代而不殞　國朝（全祖望卷栢詩）山居誇卷栢萬代長不死出之蕉萃中一勺即色喜阿儂亦枯楊一綫餘生理何時吹葭琯爲振餘生起　稗草　蘄草　鼓

稚草　車前草　旱蓮草　馬鞭草　馬鬃草　魚
腥草　鵝跖草　金線草　蘆　茅　蒲嘉泰會稽志宋縣尉
楊襲璋留家于汝湖之東植蒲數里遂名其地曰蒲
東蒲有詩云海上寇空千載穴湖東樹老幾行蒲
藻　蒿　蓼　蘋　蕈　苔　蕨　菖蒲　芸　上
青下白草　三葉白草浙江通志生餘姚水濱春夏水足三葉盡白不則止白一
葉或二葉占之絕驗　蓴東山志蓴菜灣在葦嶺北嘗產蓴菜
藥之品白朮　芍藥　茯苓　天南星　貝母　山查
子　黃精　筋子根舊志並產四明山　石燕四明山記南峯之北岩生
石燕　甘草四明山記山心有五朶峯南一峯有石穴通于梨洲生甘草　禹餘糧
奇糧　香附　茴香　蒼耳　白棘　山茱萸　薏

苡仁　金櫻子　益母草　豨薟草　谷精草　山梔　艾　金銀花　五加皮　何首烏　沙參　瓜蔞　百合（黄宗羲南雷詩歷〈種百合詩〉磽确山田另一塍，初移百合影層層。移來瀑布岩前種，送自頭陀寺裏僧。未信佳詩堪愈疾，從今清淚不沾膺。太平猶記圖花蕚，唱和流傳我亦曾）　荷車　惡實　半夏　萆麻　天麻　天蕎麥　芭蕉　紫花地丁　女貞實　蔓荊實　槐實　天花粉　栢子仁　蒼术　金星草　葛根　桑寄生　穿山甲　香蛇（萬曆舊志產臨山歡喜嶺）　虎脛　鹿茸　水銀（宏治紹興府志龍泉山產）　甘菊（產勝山面南者尤佳）

按元和郡縣志太平寰宇記載餘姚土產有甘橘

疑皆甘菊之訛也嘉泰會稽志亦載懸泥山產甘
橘豈舊產橘而今乃以菊著歟

茶之品瀑布嶺茶〔茶經〕餘姚茶生瀑布嶺昔號仙茗大者殊異產建峒嶴
者佳化安次之童家嶴又次之茶〔元戴表元剡源集焙茶詩〕山深不見焙茶
人霜入清妍樹樹春最有風情是岩水味甘如乳色
如銀〔明黃尚質青園錄采茶女詩〕女伴鳥椎髻攜筐
去采茶歸來笑相指都揮杜鵑花〔黃宗羲南雷詩歷〕
〔製茶詩〕簷溜松風方掃盡輕陰正是采茶天相要直
上孤峯頂出市都爭穀雨前兩筥東西分梗葉一燈
兒女共團圓炒青已到更闌後猶試新分瀑布泉

竹之品筋竹　苦竹　淡竹　燕竹〔宋華鎮越中覽古詩〕竹箭黃茅欲老
時杏粱日暖燕初歸他林尚
發千竿翠此筍先抽一握肥箭竹　毛竹〔寶慶會稽志〕
四明洞天記毛竹叢生澗邊李濤叟詩
雲藏毛竹深深洞烟起香爐裊裊風　龍鬚竹

鳳尾竹　斑竹　紫竹　慈竹　筆竹　篠竹　桃枝竹　桃枝石竹　筍（萬歷舊志）惟慈苦二竹不可食毛筍未出土曰潭筍味佳又毛笋脯燕笋乾嫩而淡者佳　銀筍（寶慶會稽續志）四明山記山生銀筍

木之品　松　柏　櫒（嘉泰會稽志）太平山生櫒木最宜爲檮　榧　櫧

橡　櫸（紹興府志）櫸出四明山爲多見四明記　梓　樟　木樨（萬歷舊志）昔龍山朱氏庭中有白木樨忽吐丹花占曰狀元兆已而王海日華宅其所果然　梔子

楊柳　冬青　黃楊　槐　榆　桑　柘　烏相

黃椐　楝　楓　梧桐　青桐　檟　楮　樗　櫟

樸　檀　楷　木槿　皂莢（浙江通志）四明山祠宇觀有皂莢樹絕大劉樊于此飛昇焉呼爲昇仙木（四明山志元鐵充之詩）辟穀昇仙世所稀幾人到此亦成迷齊眉化羽歸何處

樹老空山鳥自啼　椶櫚　杉　檜

羽之品　雉　燕　鴿　鷄　鷺　鴨　雀　雅　寒雅

烏鵲　山鵲　鶯　鴨鳩　翡翠　練雀　鴈　鷺

鷓鴣　戴勝　杜鵑　鷗　鸛　鴿　鷹　鶻鳩

班鳩　鵓鳩　斲木　䳜鶉　畫眉　鷦鷯　白頭翁　黃頭　百舌　桑扈　紅鶴　鴛鴦　鳧　鵝

鴟鴞　咻咻

毛之品　馬　驢　騾　牛　羊　犬　豕　猫　豺

虎　貉　鹿　麂浙江通志孔曄記云龍泉山有三足白鹿按列仙傳葛仙翁於女几山學道常凭桐几已而仙去几化爲三足白鹿今龍山有葛仙井遂傳有三足鹿　狐　兎

獾狗 竹狗 獾猪 豪猪 獾貍 玉面貍 獺

田鼠 松鼠 野猪 猿〔至元四明志〕山家謂之鞠候

鱗介之品 石首魚〔舊志〕來自定海邑後海亦間得 鯔魚〔嘉泰會稽志〕餘姚瀕海以桃花時爲絶勝萬歷舊志色黑如緇頭微匾杭人謂之蛇頭魚其子曰鰿子亦佳品〔明〕謝遷歸田稿鯔魚〔詩〕我家舊住東海濱盤飧市遠惟鮮鱗腐儒龍斷自安分筵前不慕羅綺珍十年謬竊黄扉祿堂膳虚叨大官肉太牢滋味逢賤腸翻憶魚羹常不足秋風蕭瑟吹早寒尊鱸野興歸張翰鹽梅調劑邈無效廻思鷗耳殊汗顔江湖悠悠隔霄漢從今取足魚羹飯食芹知美敢忘君欲獻無由發長嘆〔孫陞〕文恪集懷歸〔詩〕思歸夜夜夢鄉居何事南官尚曳裾家在越州東近海鯔魚味美勝鱸魚 鱓魚 梅魚 鯧魚〔紹興府志〕麥熟時出俗呼麥匾 鱉魚 彈塗 箬獺

三色鯉〔浙江通志〕自黄山港至汪姥橋曰姚江其鯉口尾青自橋而西至西石廟曰舜江其鯉口

尾赤自腮而西曰蕙江其鯉口尾白而微黄共在一水中而分界不亂（舊志）明許穀詩江流一派碧波浮分出三江各自流何事潜鱗亦三色揚鬐分界不同遊（姚江逸詩）馮蘭姚江詞橋東鯉魚魚尾黑橋西鯉魚魚尾紅東西不隨潮上落混迹風塵却笑儂

鯽魚（萬歷舊志）燭溪上林二湖産者佳

鰣魚（舊志）産臨山後海不多得

時魚（浙江通志）其大如筯小麥熟時一時有之故名亦呼小麥魚産積慶寺前溪舊志即作鰣魚者非

銀魚（萬歷舊志）産石魏橋之東傍南岸江水中四五月間有

江鱭　海鱭　鱖魚　鮎魚　烘魚（浙江通志）橫匾無鱗黃色濵海人烘乾食之

青魚　鰱魚　白條魚　鯿魚

鱧魚　鰕　鱔　鰻　箭鰻（萬歷舊志）産海壖其大如筯　黿

龜　鱉　蚌　螺　蟶　蜆　蛤　蜊　黄蛤　吐鐵（萬歷舊志）狀類蝸而殼薄吐舌銜沙沙黑如鐵至桃花時鐵始盡吐乃佳醃食之宋厲無咎詩兔冠

思脫三塗難出
舌甘從五鼎烹　沙蟹　黃甲蟹（舊志）本蚌蛸其甲黃俗呼黃甲
紫蟹（萬歷舊志）紫色若楝花時挾子而語曰若楝開紫蟹來　白蟹　稻蟹（舊志）九月團臍十月雄　蟛蜞　蟛螆蟹　蝦蟆　鼃

蟲之品　蠶（嘉泰會稽志）越人謂眠蠶爲幼謂之幼一幼二幼三幼大蠶死則謂眠故諱之而爲之幼

貨之品　鹽（舊志）自梅川之自沙而東者色白質鬆味差澹宜食自開原之道塘而西者色微黑質重
其味鹹然醃物不敗按亭民煎鹽之法海潮每至沃
沙日暴沙自用鐵刀刮鹻聚而苦之乃淋鹻取滷然
後試以蓮子每用竹筒一枚長寸許取老硬石蓮三
枚納筒中探滷三蓮橫浮則極鹹謂之足蓮滷亦謂之
頭滷二蓮橫浮次之若三蓮俱直浮其滷薄不可用
竹盤者編竹爲盤中爲百耳以篾懸之塗以石灰纔
足受滷燃烈焰中滷不漏而盤不焦
灼一盤可煮二十過近亦稍用鐵盤　綿布（案元一統志餘姚有小江布今出彭橋）　葛布　苧布　絲　絹　綿　紬

靛 菜油 桕油 燭 炭 秘色磁（萬歷舊志）初出上林湖唐宋時置官監窑尋廢（六研齋筆記）南宋時餘姚有秘色磁粗樸而耐久今人率以官窑目之（談薈）吳越時越窑愈精謂之秘色即所謂柴窑也或云柴世宗時始進御云負暄雜録秘色磁器世言錢氏有國日越州燒進民間不得用故云秘色陸龜蒙詩云九秋風露越窑開奪得千峯翠色來好向中宵盛沆瀣共嵇中散鬭遺杯乃知唐世已有非始于錢氏

白酒（明張逵義樂集）（嘗白酒詩）白酒吾鄉味懸倩已六年幾於桑葉落猶及菊花妍地土能傳種門生爲墾田孤吟酬一醉真覺對龍泉 國朝（曹溶靜惕堂集）（姚州酒詩）誰家新釀白於泉種秫多收海上田與出青娥歌扇底燒燈今夜不須眠（朱彝尊曝書亭集）（和曹使君憶姚州酒歌）姚州白酒白於泉門客何論三百錢十月糟牀初滿注真教焚却子猷船

餘姚志卷九終

餘姚志卷十

知餘姚縣事唐若瀛修

田賦

國朝順治初年市丁六千二百九十每丁科銀九分八釐共銀六百一十六兩四錢二分鄉丁五萬三千五百二十七每丁科銀一錢七釐米一合五勺共銀五千七百二十七兩三錢八分九釐共米八千石二斗九升五勺○田五十九萬五千八百九畝一分六釐四毫四絲六忽每畝科銀六分八釐七毫米七合九勺三抄共銀四萬九百三十二兩八分九釐零共米

四千七百二十四石七斗六升零○地七萬九千五百七十六畝三分五釐零每畝科銀二分七釐七毫米四合四勺共銀二千二百四兩二錢六分零共米三百五十石一斗三升零○民山一十九萬一百四十八畝六分一釐二絲每畝科銀二釐一毫共銀三百九十九兩三錢一分零學山七十三畝六釐六毫三絲六忽每畝科銀一分五釐二毫米三合一勺共銀一兩一錢一分零共米二斗二升六合零○蕩三百二十三畝三分八釐零每畝科銀一分五釐六毫米三合一勺共銀五兩四分零共米一石二合零○

田地山蕩人丁共銀四萬九千八百八十五兩六錢三分零共米五千一百五十六石四斗二升二合零○其後加入南糧正耗米九千一百三石四斗八升零每石原折銀七錢今定一兩五錢增折價銀七千三百兩八錢五分零○軍儲秋米五千一百五十六石四斗二升零除解本色外共三千九百七十三石四斗四升零每石折銀一兩該銀三千九百七十三兩四錢四分零○餉銀七千九百一十七兩五錢五分零○遞增胖襖軍器弦箭三項共銀八百九兩四錢六分零又萬歷崇禎間刻削牟山汝仇等湖田共入

百五十六畝零告豁蕩七十五畝零共缺額銀六十兩六分零此兩頭於正銀一兩派銀一分七釐四毫三絲零已上加入正數內共該銀六萬九千八百八十六兩九錢五分零扣優免銀三千二百五十兩一錢四分零實徵銀六萬六千六百八十一兩八錢四釐零○市丁每丁徵銀九分九釐七毫八忽零鄉丁每丁一錢一分二絲零○田每畝徵銀九分八釐六絲九忽九微○地每畝徵銀四分五毫七絲零○民山每畝徵銀九釐三毫六絲一忽零學山每畝二分五釐七絲七忽零○蕩每畝徵銀一分八釐二毫五絲八忽零

案以上賦額悉據康志自　國初寬賦薄徵與民
休息恭遇
重熙累洽
慶典覃敷乾隆三十五年四十二年兩奉
恩綸普免天下正賦藏富於民
闓澤爲曠古所未有薄海蒸黎咸蒙樂利之庥矣康志
載宋元舊制祇舉大槩考嘉泰會稽志及永樂紹
興府志如和買折變官房賃鈔皆一時權宜之策
不可爲典要也今賦役全書屆十年卽爲編纂事
必覈實額無溢羨閭閻長沐三登之慶焉茲括載

全書於左爲奉守成憲之本至舊志所載宋元明

舊制附錄於後以備參考

康熙三年　欽行丈量原額田五千九百五十八頃七十八畝三分七釐四毫四絲六忽　內一則田五千九百四十二頃五十八畝五分二釐九毫五絲陸忽康熙六年丈出田一畝三分一釐三毫康熙二十六年地改陞田六畝二分七釐康熙三十三年陞田四畝二釐五毫雍正六年陞田一頃十一畝六釐八毫五絲八忽雍正七年陞田一百三頃四十五畝五分六釐三毫七絲一忽雍正八年陞田九十四畝五分八釐九毫四絲七忽雍正十一年陞田七畝二分五釐四毫一絲二忽雍正十二年陞田一十六畝一分七釐七毫一忽乾隆三年陞田五頃八十九畝二分一釐二毫四絲九忽乾隆十七年陞田二十六頃三十畝一分三釐一毫三絲二忽○雍正七年除田五畝九

分又除無徵田一十三頃八十畝九分二釐九絲四忽乾隆三十四年除坍荒田十六畝一分七釐七毫忽。一實田六千六十六頃六十一畝一分三釐六毫三絲一忽每畝征銀一錢三釐二毫征米三合八勺孫忠烈毛忠襄優免田一十頃五十三畝每畝征銀七分四釐一毫征米三合八勺呂文安京折田四頃九十七畝六分三釐四毫九絲每畝征銀三分一釐五毫新墾龍泉雲柯等都黃山斯字等號田六十九畝二分一釐每畝征銀一錢二釐五毫征米三合八勺以上共田六千八十二頃八十畝九分八釐一毫二絲一忽共徵折色銀六萬二千七百八兩二錢二分六釐九絲一忽本色米二千三百九石五斗七升六合七勺○原額地八百二十九頃二十二畝九分二釐七毫一絲九忽內原地七百九十五頃七十六畝三分五釐二毫一絲九忽康熙六年丈出地九十三頃四畝六分一釐四毫六絲二忽康熙二十三年陞地一畝四分三釐七毫五絲康熙三十三年陞地五畝七分七釐雍正五年陞地二十畝二分二釐四毫五絲六忽雍正六年陞地一畝三分五釐一絲二忽雍正七年陞地一頃七十五畝五分七釐四絲三忽雍正八年陞地四畝四分六釐六毫二絲五忽雍正九年陞地一畝一釐八五毫六絲二忽雍正十一年陞地六畝三分六釐八毫三絲乾隆元年陞地七畝六分八釐乾隆三年陞地一十二畝三分四釐九毫九絲九忽乾隆十七年陞地一畝二分六釐九毫一絲六忽○康熙二十六年除地六畝一分七釐雍正七年除無徵地四頃六十九畝九釐四毫四絲三忽實地八百八十六頃四十三畝一分四毫三絲一忽每畝徵銀四分一釐六毫徵米二合新墾沙地二十四

頭八畝三分康熙十六年清出沙地四頃六十三畝八分二釐五毫五絲四忽實沙地二十八頃七十二畝一分三釐五毫五絲四忽每畝徵銀三分七毫徵米九勺新墾大工湖地九頃三十八畝二分七釐五毫康熙二十九年陞地七十畝實湖地一十頃八畝二分七釐五毫每畝徵銀三分七毫徵米九勺五抄以上共地九百二十五頃二十三畝五分一釐四毫八絲五忽共徵折色銀三千八百六兩六錢八分一釐七毫四絲二忽本色米一百八十石八斗二升八合九勺九抄○原額山一千九百二頃二十一畝六分七釐六毫五絲六忽內民山一千九百一頃四十八畝六分一釐二絲康熙十六

年淸出山一頃二十四畝康熙二十三年陞山十二畝五分五釐實山一千九百二頃八十五畝一分六釐二絲每畝徵銀三釐二毫學山七十三畝六釐六毫三絲六忽每畝徵銀二分二釐八毫徵米一合五勺以上共山一千九百三頃五十八畝二分二釐六毫五絲六忽共徵折色銀六百一十兩五錢七分八釐四毫二絲五忽本色米一斗九合五勺九抄○原額蕩三頃二十三畝三分八釐七毫八絲康熙六年丈出蕩四頃二十畝雍正六年墾蕩一十七畝四分雍正八年陞蕩八畝六分五釐乾隆十七年陞蕩八十七畝一分六釐六毫七絲三忽實蕩八頃五十六畝六分四毫五絲三忽每畝徵銀二分三釐五毫徵米一合五勺共徵折色銀二十兩一錢三分二毫六

忽本色米一石二斗八升四合九勺○原額戶口人丁五萬九千八百一十七丁口內市民六千二百九十口康熙六年清出人口一口○乾隆三十四年坍荒免徵市民一分六釐實存市民六千二百九十口八分四釐每口徵銀九分八釐鄉民五萬三千五百二十七口康熙六年清出人口一口乾隆二十四年坍荒免徵鄉民一口三分三釐實存鄉民五萬三千五百二十六口六分七釐每口徵銀一錢七釐徵米一合五勺共徵折色銀六千三百四十三兩八錢五分六釐一絲本色米八十石二斗九升五撮○

以上田地山蕩人丁共徵銀七萬三千四百八十九兩四錢七分二釐四毫七絲六忽內除抵補無徵本色秣料水腳加

閏銀三兩二錢六分一釐九毫四絲四忽○加顏料銀三十三兩四錢四分八釐八毫七絲五忽加蠟茶銀十七兩九錢三分一釐二毫一絲六忽加顏料時價銀七兩九錢六分五釐九毫四絲一忽加蠟茶時價銀三兩四錢五分三釐四毫八絲五忽加藥材時價銀十一兩一錢七分三釐一毫二絲六忽加匠班銀二百二十八兩一錢五分二釐加零積餘米改徵銀五兩五錢四分三釐五毫二絲七忽　實徵銀七萬三千七百九十三兩八錢七分八釐七毫三忽每兩徵耗羨銀六分歸經費用○外賦不入地丁鹽課鹽鈔銀一千二百五十四兩八錢二分一毫八絲一忽內課鈔八十八兩五錢六釐併入地丁解司每兩加耗羨銀六分　共徵米二千五百七十二石一斗五升三合六勺八抄除圳荒米六升三合四勺六抄除零積餘米五石五斗四升三合五勺二抄　實征米二千五百六十六石五斗四

升六合六勺九抄每石折銀一兩二錢歸入地丁統徵分解○地丁外賦加閏銀六百八十九兩二錢八分一釐三絲八忽每兩加徵八釐一毫九絲二忽○起運項下地丁銀六萬四千五百一十七兩五分四釐三毫三絲三忽抵課水手銀一十五兩八錢三分二釐鹽課銀一千一百六十六兩三錢一分四釐六絲五忽漕運折色銀四千三百五十一兩四錢七分八毫八絲七忽驛站銀一千二百六十六兩三錢九分四毫九絲九忽存留銀三千七百三十一兩六錢三分七釐一毫起運本折加閏銀四百八兩七錢一分一釐八毫八忽鹽課加閏銀一兩

三錢一分九釐三毫三絲驛站加閏銀一百二兩存留加閏銀一百七十七兩二錢四分九釐九毫

舊志宋紹興十六年墾田五十六萬一百一十四畝二角一十三步○淳祐四年田五十四萬七百九十畝二十六步有奇咸淳四年田五十五萬九百二十三畝一十五步有奇地一十四萬四千三百七畝三角四十步有奇山四十二萬五千三百八十四畝三角有奇其夏稅絹一萬二千四百二十二疋一丈七尺有奇紬九百七十疋三丈五尺有奇綿五萬六千二百四十三兩七錢八分有奇秋糧苗米額管三萬

二千五百七十五石五斗有奇坍江海移捺海塘等米九百三石五斗有奇職田米一千八十五石四斗七升折變帛錢三萬五千五百七十六貫六百五文折紬綿五千七百九十七兩折稅絹麥一千六百四十五石七斗九升折苗糯米三千三百三十八石八升〇〔元〕至元二十七年田五十五萬九百二十三畝一十八步有奇地一十萬四千二十七畝二角五十一步有奇山四十二萬五千三百八十四畝一角四十步有奇〔經界圖說〕周官司徒之職設載師掌任土之法縣師掌邦國都鄙圖稍甸郊里之地域均人掌力政至於遂人則以土地之圖經田野所以爲其民計者至深且遠自秦壞先王之法阡陌既開

而天下不可得而治矣故孟子之論仁政必自經界
始元有天下四方之賦各因其舊至於治野之說有
不暇詳延祐初下經理之令而郡縣並緣以厲民至
有弄兵於草間者上下騷之遂不克竟至正二年禮
部侍郎泰不華公出守紹興思有以均其賦役謀於
同僚亦皆曰然迺以餘姚州田賦未均屬同知州事
劉侯顧其事初大德四年是州嘗覈實田稅纖而籍
燬於火執事於鄉里者往往增損田畝之數變亂賦
稅之實於是富而強者享其利而安處貧且弱者替
其家而無告積弊蝟興莫此爲甚侯受檄已來出宿
公宇一日一還問太夫人起居而已晝夜悉心鬚髮爲
白出一區印署盈尺之紙以與田主謂之烏有凡四
十六萬餘枚田後易主有質劑無烏由不信也州民
常以其其所有田詭戶名至是懼有奪之者乃自陳繼
是自陳者萬人或舊無糧今自實多至五百畝者至
於消積久之爭者七千餘事侯開諭之至無不感悟父
子兄弟復還其天者蓋多有爲其站戶田迷而復歸
者一萬七千二百二十餘畝俾得田之家助其役其
畫田之形計其多寡以定其賦謂之流水不越之簿
其所畫圖謂之魚鱗挨次之圖其各都田畝則又所

謂兜簿者焉至於列其等第以備差役則又所謂鼠尾冊者焉計其凡六千二百五十餘帙綱目必張如指諸掌侯既受代而上官挽留使竟其事然後去然其號令之行於下如始至官非有以服其心孰能臻此嗚呼侯之於其民可謂能爲之長慮卻顧者矣侯名輝字文大汴人嘗任風紀沉厚而精練蓋其少孤勇於植立故能堅善刻厲以成事功去是州而羽儀於天朝不遠矣屬余以使至者宿楊仲等請爲文刻之石使來者考諸至正四年六月既望經筵檢討危素書

其夏税秋糧一萬五千九百七十四石九升八合官租米三千二百四十二石四合民苗米一萬二千七百三十二石九升四合中統鈔四百五十二錠二兩七錢四分夏税鈔四百三十五錠三十一兩三錢四分秋租鈔一十六錠二十一兩三錢九分財賦錢糧秋米四千七百三十四

石穀一百八十石六斗五升八合夏稅麻布二疋○

明洪武二十四年原額官民田共五千八百二十五頃七十七畝九分五釐七毫三絲官民地七百七十二頃七十三畝七釐七毫三絲山一千九百四頃七十五畝一分八釐池蕩共一頃八十六畝九分三釐其夏稅麥二千九百四石鈔五千九百一十九升二合八勺鈔四貫五十七文秋糧米五萬六千三百三十五四千二百四十貫石九斗一升四合二勺鈔一百一十三文○永樂十年官民田共五千八百三十二頃九十八畝七分三釐七毫三絲官民地共七百七十八頃六十三畝二分六釐七毫二絲池蕩共一頃九十畝八分六釐

六毫共夏稅麥二千八百四石五斗七升二合鈔六千一百七十七貫八百五十二文秋糧米五萬七千五百五十六石四斗七升七合鈔四千八百四十貫二百八十九文○宣德正統景泰天順以來無可考○宏治五年官民田共五千八百三十六頃　十八畝三分三釐四毫有奇官民地共七百九十八頃七十畝九分有奇山一千九百四頃七十三畝有奇池蕩共一頃九十畝一分二釐共夏稅麥二千七百五十四石九斗九升九合六勺鈔六千七百七十一貫三百六十七文秋糧米五萬九百九十九石三斗一升一合四勺鈔四千八百六十二貫二百二十七文○宏治末及嘉靖初亦無可考○嘉靖四十二年知縣周鳴塤奉文丈量將官民田地扒平一則

起科田共五十九萬三千六百七十八畝七分七釐
地共七萬八千八百五十八畝五分五釐五毫又申
議銀力二差一槩徵銀僱募役法始平著爲令（翁大立均
徭或問）少傅南渠呂公讀禮家居開賦役不均民間
甚苦以役法質於少司空笑齋龔公謂必弛其力差
悉用僱直庶幾均平無偏累遂白當路下其議邑侯
周君君乃通計官民田額凡五千八百四十二頃八
畝有奇除免竈田二百九十六頃三十一畝外每畝
科銀八釐地額除辦鹽蕩地外官民地凡七百八十
五頃一十二畝有奇每畝科銀四釐人丁除優免外
約該差四萬一千丁每丁科銀五分共徵銀六千八
百九十二兩九錢九分零以待一歲僱直議既定或
有難之問於余曰均徭戶分三等計丁驗糧行之既
久今欲改之何居余曰有國有家者不患寡而患不
均吾邑科第之家以百計雜流舉監生員吏承以千
計竈丁計一萬四千有奇優免日衆則詭寄日多良
民守法者編徭日重此患在不均一也北方門丁事

產四者兼論每以門銀爲上產銀最下地土猶致拋荒吾邑有職役者始登版籍無職役者每多隱丁故編役則專重田產其他海防兵費雜辦均輸皆從田出遂致田日賤而民日貧此患在不均二也輸編甲分優免者少則差徭稍輕優免者多則差徭愈重在歲額不可增減而役銀則歲輕歲重此患在不均三也海防輸委不繼凡弓兵皂隸驛夫之類撥銀以助軍興而積年攬役者額數雖減役銀倍索故官司有減之名徭戶受增之害此患在不均四也館夫庫子斗級鹽捕向爲重差役銀實少軍興以來浮冗百出有役銀一兩而支銀數十兩既破其家矣一經查盤軍徒雜坐復貽累其子孫此患在不均五也有此五者閭閻日悴故相公倡議衆庶翕從始一槩徵銀公卿以至吏承照例免丁不免田產此吾輩捐已利以惠窮閻相時宜以救弊法豈以厲民乎哉曰若然民則受惠矣士大夫之族免田有差著令甲也今不免無乃非制乎曰否考諸會典隨朝官免雜泛差役此洪武十三年令也在京文武官員家除里甲正役外一應雜泛差役俱免此正統元年令也其云優免蓋專指人丁如曰其人既爲京朝官矣其父兄子弟僕從

竝得免差初無免田之說是時在方而猶且未及況雜流吏承乎其後優免冒濫以田准丁遂滋詭寄之弊至嘉靖乙巳該科甲　始定免田等差與丁均配聊以救弊云爾豈初制哉若生員僅免家丁尤有考據國初免廩膳宣德三年始免增廣皆云免其家差徭二丁也北方生員僅免供丁可爲印證今之免田及以田准丁者亦豈初制哉曰竈戶每一子丁十年免田二十畝蓋爲國初竈戶日夜辦鹽候商領支如商人後期則鹽斛銷耗復辦賠納最爲劬苦自彭惠安公議徵鹽價而引鹽則令商人自買遂使竈戶無煎辦之勞有蕩地之利故其利既數倍於齊民而其丁亦數倍於舊額觀版籍之內軍匠日絕竈丁日增竈戶田多民戶田少蓋不惟詭田而又詭丁也不免庶絕詭弊況士夫不免竈戶豈得免乎曰士夫不能世官竈戶乃其世業今仍每丁每年免田二畝積之十年正合原免之數所以處竈戶者善矣曰然則巡鹽應捕何可廢也曰國家疏通鹽法專爲濟邊苟國課無虧而民情甚便則善之善者也吾邑三面濵海竝產鹺鹽一面阻山不通舟楫引鹽不到民間無食淡之理舟楫不通自來無越境之販今若肩挑者勿

禁而徑於衛銀內徵抵應捕鹽觔銀兩以解運司加戸口食鹽之例於民不甚便乎曰庫子斗級錢役重寄今令僱役可乎曰予嘗讀律矣庫秤斗級僱役侵欺並以監守自盜論如其不許僱也律文何以該載況今在京各部在外兩司庫子莫非僱役各省斗級亦多召募彼豈不思錢穀爲重哉曰斗級之害難以纖舉若沿海軍儲並徵折色則斗級可無設倉官且冗員矣議革何如曰不可軍儲解折則官吏軍旗交通對支貧軍愈餓曰然則如松江故事令沿海官旗詣縣領糧何如曰此雖便民於軍不便蓋官旗糧長對支准折金山衛軍亦嘗臨城呼譟矣必也倣京邊直隸事例設立軍斗有司給與僱直稍寬其費或查軍旗置有民田附籍里甲者選募以充亦給其直庶軍民交便而又每石加耗伍升每歲掃盤席板之費並付軍斗孰有不願充者哉曰預備倉斗級繁費亦甚今以縣前鋪司兼攝何居曰吾姚輕犯付鋪羈收燈油之索勢難盡禁故鋪司每每營充今斗級既增其直倉鋪比屋相聯復照近行事例每石加耗五升每歲除耗一升七合三歲之後聽於正米除耗查盤官勿得細苛雖使兼攝人猶營充也曰他省驛傳亦

有官吏自支者，然吏皆避役，官多在逃，今革去館夫
可乎曰此爲官錢有限而糜費無經官身則橫索者
易肆其虐路衝則協濟者不敷其用而查盤官又刻
意誅求今本縣監臨該驛無冒破之弊廩糧折色使
客無橫索之擾況縣驛兼支船馬並折吏承夙弊今
赴縣給領此弊頓除故予在南畿須有長單刻有板
榜至今稱便曰門皂兵夫閘民受僱各增其直何居
曰此法未行科索徭戶重者以一取十輕者三倍今
官給其直而又少之則庶人在官不若傭賃爲活矣
亦豈可繼之道哉曰備差銀兩起於何時應否裁革
曰各省編派之後皆有餘銀或名聽差或名編剩明
立文案以待支銷吾姚自巡按冷塘周公行縣多編
以備坊牌羊酒之費起此厲階對川王公繼之謂非
事體介將此銀預備織造意則已公弊則未革遂致
前此編徭者有外備差內備差之名今織造銀兩每
年坐派丁田此項差銀誠爲可革曰均徭十甲一輪
亦令甲也今歲歲徵銀可乎曰政貴有恆尤貴通變
故琴瑟不調甚者必解而更張之匪得已也予嘗歎
歷四方見均徭之法有三年一役者有兩年一役者
有行十段錦之法者歲編一段者有輕差歲徵僱直

重差始僉閭右者有人丁事產以備歲編門銀以待撥派者豈必十年一役哉曰徵銀誠便矣立收頭則侵分尅減歸庫藏則挪移借貸聽對支則抑勒准折甚有官吏不廉則虛錢實領將如之何曰收頭誠不可不立對支誠不可不聽惟倣投櫃之法隨糧帶徵定更番之期按月給領雖軍興重務不得挪移若有羨餘必登循環卷籍歲經查盤仍每年攢丁申報守巡以杜胥濫則縣官縱萌不肖之念者豈得恣所爲哉曰數弊革矣玩愒既久寧免無弊乎籠丁免矣士人不免寧免無怨乎曰天下事有利必有弊若弊少而利多與利爲便有恩必有怨若恩多而怨少任怨何妨今周侯度田均則民易輸糧無不均之弊審戶定籍丁糧相配無不均之里編徭徵銀悉從僱募無不均之役孔子所謂均無貧也少傅公倡議衆庶翕從志在恤民匪云變法曰通行天下可乎曰未可南北風氣異宜齊民異俗南方重人丁則貧民日蹙北方重地土則富民日徙貴在有司師其意耳不然王制公役法非不善而何天下受病也○隆慶元年知縣鄧林喬始議行一條鞭法（申文）舁職以非材備員劇邑蒞

任以來民間投牒大半辯理錢糧不曰多科則曰重
徵不曰監收則曰侵盜流禍孔棘莫能盡狀大畧有
五弊焉夏稅秋糧及三辦內纖悉名色不下三四十
項每項給一示某件一石抽銀幾錢幾分某件一畝
派銀幾釐幾毫在官者或能抄記鄉落小民何由識
其要領以致奸猾設計巧筭以小呼大以無捏有倚
項數之多逐件科歛贈耗一入手則派費無存其弊
一也及僉審收頭則人人窺伺有利者百計謀收有
害者千方規避公庭之請托無休吏胥之賄賂雜進
其弊二也凡遇比併錢糧必有收頭數十人各執一
簿虎視於邑堂而每里長一人皆俯伏於下一一登
答竟數十人而後已一有失錯即以收作欠以多報
少懦弱者銜恨倍償僥利者紛紛告擾其弊三也收
頭收銀入手或置產娶妻妾或白身納吏甚或狹妓
酣歌爲樂輕用官錢而莫能償竟死刑獄其弊四也
若官府不知民隱則任其開數變賣一准其詞即視
爲奇貨無產稱爲有產賣過混開重貲巧攀讐家硬
指懸弱借民還官復半肥已奸起於一人而殃流於
萬衆其弊五也有此五弊則通變宜民之法似不容
緩就經做效直隸等處見行事宜將各色額稅併爲

一主徵收名曰一條鞭在派徵則攢爲一總在起解則照舊分項項盡除一附耗革去收頭各里長領小戶自行投入縣櫃惟起解錢糧於糧長中閘選數人逐項領解議行未幾衆皆稱便其中三院司道本府覆議行之一派徵之法將該徵夏稅秋糧鹽米等攢爲一總內除一本色米麥某項某價照舊上納外其折色某項某項各若干每石該折銀若干通計銀若干該縣田地若干每畝該實徵銀若干共該銀若干其均徭里甲三辦均平等亦攢爲一總其某項各該銀若干通計共銀若干然後通查該縣田地山若干人丁除例該應免外見在若干每丁該銀若干田地山各若干每畝該徵銀若干共該銀若干二總應徵銀兩再算每田地山一畝該銀若干每丁該銀若干連前項正銀通該若干編派已定即行照數備細造冊一本開寫榜文一道申送分守道查覈明白果無差錯關防印記發回一面將榜文張掛曉諭百姓通知一面查造冊籍逐戶填給由帖用印鈐蓋着各該里遞分給各甲人戶照帖承辦依期赴納　一收納之法須先查照由帖造收納文冊一本用印鈐蓋置立大木櫃一箇上開一孔可入而不可出者仍酌量縣分

大小都鄙多寡縣小者止一簿一櫃大者作二三簿二櫃或三四隨宜曲處每櫃即選擇實歷吏中之勤慎者一名糧長中之殷實者一名相兼經收每次印給收票一百張私記小木印一箇木櫃立於縣堂上聽令各該里遞帶領納戶親赴交納先是吏與糧長公同查對簿內及由帖納戶本名下丁糧及折銀數目實該若干於同無差隨即驗銀足色兌銀足數眼同包封上寫某里某甲納戶某人銀若干仍着納戶將簿內本名下填寫某月某日交納足數訖下註花字爲照吏同糧長將納完銀數填入收票內某月某日吏某人糧長某人公同驗納訖亦註花字爲照銀令納戶自行投入櫃中並不許吏與糧長經手如有加收重稱刁難勒索者許即時稟告究治每十日掌印官同管糧官及經手吏役糧長開櫃清查一次照簿對封照封驗銀如果無差總算該銀若干折放一處每百兩備作一封暫寄官庫以待臨解另傾錠另貯一匣另置印簿一扇登記每次清查銀數又行另選吏一名糧長一名如前經收十日清查

一起解之法如遇某項錢糧應解將前庫寄銀兩照簿內收過日期[illegible]次順支若干應貼路費若干當堂傾錠封付解

人凡銀至五百兩以上差佐貳首領官三百兩以上
差殷實候缺吏一百兩以下差殷實糧長仍查照貼
解銀數給與使費解送至府轉交呈司交納責限
納獲批收銷繳但不許再僉收頭解戶等項名色○
萬曆九年行丈量知縣丁懋遜復量復田共五十九
萬九千七百七畝七分二毫一絲一忽地共七萬九
千二百五十九畝五釐五毫四絲○萬曆十三年台
州府周同知奉委臨縣清理田地減豁槩縣虛田六
百八十九畝六分六釐三毫八絲五忽又告豁重量
錯訛共剗豁汝仇等湖田共一千八百八十二畝二
分九釐四毫八絲九忽共剗田二千五百七十一畝
九分五釐八毫七絲四忽查出壓科地六畝五分八

釐九毫七絲九忽○萬歷十四年知縣周子文立碑於縣儀門下田共五十九萬七千一百三十五畝七分二釐五毫四絲六忽每畝科銀六分一釐五毫麥米一升九合三勺地共七萬九千二百六十五畝六分四釐五毫一絲九忽每畝科銀二分四釐二毫麥米九合七勺山共一十九萬一百四十八畝六分一釐二絲每畝科銀一釐一毫學山七十三畝六釐六毫三絲六忽每畝科銀一分三釐米七合七勺蕩三百七十畝九分八釐四毫每畝科銀一分二釐二毫米七合四勺立碑後復准告辭牟山等湖田共二千二百七十畝七分七釐一毫地共一百六十一畝六分三釐三毫實

存田五十九萬四千八百六十四畝九分七釐二毫三絲七忽地七萬九千一百四畝一釐二毫一絲九忽○萬歷二十五年知縣馬從龍江起鵬相繼查覈實田五十九萬五千八百一十七畝六分四釐四毫四絲六忽比前出田九百五十二畝六分七釐二毫九忽實地七萬九千八百六十八畝六分五釐二毫一絲九忽內呂文安古谿墳地九十二畝三分不派稅糧比前出地四百七十二畝三分四釐山蕩數仍前○額派糧則田每畝科本色麥米七合九勺二抄五撮五圭六粟六粒八黍二糲九糠七粃折色銀三分七釐八毫六絲四忽四微七塵六渺三漠三埃四纖五沙兵餉銀四釐九毫一絲五忽九微六塵七渺六漠四埃七纖四沙馬價銀一釐七毫一絲六忽二微二塵四渺六漠

七埃六纖三沙驛傳銀二釐二毫五絲七忽七微二渺七漠九埃五纖六沙農桑絹折
銀二忽七微九渺五漠八埃八纖九沙京費銀一毫五絲三忽三微九渺一漠七埃三纖五沙
額坐二辦銀六釐三毫四絲四忽六微九塵五渺五漠四埃二纖二沙雜辦銀五釐
八毫五絲九忽六微三塵四渺七漠三埃八纖三沙民壯均徭銀七釐二毫二絲八忽五微
七塵七渺一漠四埃四纖九沙已上除本色共銀六分六釐三毫四
絲三忽零凡優免田去雜辦民壯均徭銀一分三釐
八絲八忽零通計折銀三萬九千三百九十九兩二
分九釐四毫三絲一忽零外孫忠烈毛忠襄功臣田
一千四百五十四畝每畝科除麥米納銀四分二釐九毫共銀六
十二兩四錢二分九釐六毫零呂文安祭田四百九

十七畝六分依准詔典每畝止納京折銀二分九毫共銀一十兩四錢四分八釐零○𡶟每畝科本色麥米四合三勺八抄八撮三圭七粟三黍三糲五糠一粃折色銀二分一釐一絲一忽五微二塵四渺七漠一埃四纖五沙兵餉銀二釐九毫一絲五忽九微六塵七渺六漠四埃七纖四沙均徭銀二釐九毫六微九塵六渺四埃七纖九沙已上除本色共銀二分六釐八毫二絲八忽零通計折銀二千一百三十四兩八錢八分九釐三毫六絲九忽零○山每畝科折色兵餉銀一釐四絲八忽四微八塵七渺七漠三埃八纖八沙共銀一百九十九兩三錢六分八釐四毫八絲六忽零○學山每畝科本色米一合一撮七圭七粟九粒三黍三糲一糠九粃折色銀一分五釐一毫七絲八忽二微五塵

二渺九漠四埃三纖一沙共銀一兩一錢九釐一絲零○蕩每畝科本色米三合七抄六撮八圭一粟六粒三粞二糠七粃折色銀一分一釐五毫五絲七忽六微六塵九渺六漠六纖三沙共銀五兩三分一釐一毫六絲五忽零○額徵糧款夏稅麥二千七百五十五石三斗五升一合一勺內京庫麥一千七百八十四石九升折色每石折銀二錢五分常豐二倉麥四百五十石本折中半折色內扣倉官俸二十二石每石折銀八錢餘每石折銀五錢五分常豐三倉麥四百二十一石二斗六升一合本折中半折色內扣倉官俸三十二石每石折銀八錢餘折五錢五分儒學倉麥一百石每石折銀八錢秦積庫麥租鈔一千三百五十三錠四十九文每貫折銀二釐○秋糧米五萬九百七十二石九斗一升一合三勺內京庫米一萬一千一十一石

三斗五升折色每石折銀二錢五分南京水兌正米一百七石八斗六升七勺每石耗米二斗五升連耗折銀七錢給發糧戶解到附京庄米地方買米上納有餘扣追還官作正支銷各衛倉米八千九百六十七石六斗五升四合每石耗米二斗五升連耗折銀七錢派剩米六百三十四石四斗八升五合一勺分爲二項一項二百七十五石四斗二升一合六勺零每石折銀七錢一項三百五十九石六升三合四勺每石折銀六錢二項俱支太倉銀庫解納本府預備米三千三百五十二石每石折銀五錢常豐四倉米四千五百一十三石三斗八升八合本折中半內折色每石折銀五錢五分常豐五倉米四千七百五十二石六斗九升七合本折中半內折色每石折銀五錢五分協濟寧波府廣盈倉米一萬七千六百三十三石四斗七升五合每石折銀五錢五分泰積庫米租鈔一千一十四錠一貫八百四十文每貫折銀二釐已上夏稅秋糧通計本色麥米五千六

十八石六斗七升三合三勺五抄五粟折色銀二萬四千二百三十九兩三錢九釐四毫七忽○鹽糧米折銀七百三十八兩一錢七釐二毫零內本府顏料米二百二十九石一斗七升每石折銀六錢儒學倉米二百五十石每石折銀八錢存留倉米五百八十石內官俸一百五十六石每石折銀八錢餘每石折銀五錢五分常豐四倉米七十七石四斗六升四合零每石折銀五錢五分外本色恪額○鹽鈔折銀三十二兩九錢六分九釐八毫零內京庫鈔折銀一十六兩三錢八分六釐五毫每兩外加路費一分二釐本府奏積庫鈔折銀一十六兩三錢八分六釐五毫零○額辦銀五百三十七兩八錢六釐九毫內皮張銀四兩三錢桐油連整庫加派銀共一百九十五兩八錢六

分五釐三毫藥材正料連貼路費銀共五十兩五錢一分二釐四毫弓箭弦條銀二百八十七兩二錢二分九釐一毫九絲○坐辦銀三千二百三十兩九分二釐一毫內水牛底皮改年例牲口銀十九八兩五錢果品銀四十三兩九錢蠟茶銀幷加派共三百六十六兩六錢二分二釐五毫箓筍銀幷加派共一十三兩三錢三分三釐二毫歷日銀五十二兩三錢五分三釐三毫淺船料銀九百九十六兩一錢九分九釐四毫漆木料銀一十兩八錢七分二釐一毫四司工料銀六百三十兩軍器料銀一百四十八兩二錢八分一釐三毫段疋銀八百七十兩三分二毫○雜辦銀五千一百四十三兩九錢四分四釐八毫○民壯銀一千二百五十二兩八錢七分內抽取民壯銀四百七十五兩二錢七分實

役民壯一百二十名每名工食銀六兩鹽捕八名每名銀七兩二錢○均徭銀三千九百一十五兩一錢六分四釐○隨糧帶徵銀五千八百一兩六錢二分六釐一毫零內兵餉銀三千三百四十八兩七錢六分四釐五毫馬價銀一千一十九兩二錢七釐五毫驛傳銀一千三百四十兩七錢七分二釐九毫農桑絹折銀一兩六錢一分三釐七絲二忽解京路費銀九十一兩二錢六分八釐零右每歲徵銀除優免外通計四萬四千八百九十一兩八錢九分七毫三絲五忽零○遇閏加徵稅糧項下銀共五十三兩三錢三分五釐九毫零槩都鄙人一丁派平銀八毫九絲零徭項下銀共五百四十六兩三錢三分四釐六毫每額

徵銀一兩派銀一分五釐一毫零〇五歲一徵胖襖銀共七百一十三兩一錢三分五釐係里甲坐派每田一畝派銀一釐二毫八微零〇歲額外賦沙地一萬八千五百四十四畝九分八釐一毫四絲二忽每畝徵銀三分共銀五百五十六兩三錢四分九釐四毫四絲二忽六微水鄉蕩價每丁徵銀一錢五分共銀一百九十兩一錢二分四釐八毫　已上二項俱解運司鑑戶由辦原派門攤銀無閏七十四兩九錢五分二毫三絲六忽有閏八十七兩九分一釐五毫加派剛架銀一百七十一兩　已上二項并解稅府舖戶由辦匠班五百二名每名納銀四錢五分水腳四釐五毫共徵銀二百二十八兩一錢五分九釐解布政司類解京匠戶由辦外存留歷日小錄匠三名正銀一兩三錢五分水腳一分三釐五毫聽候供役不納班銀硃麻銀無閏徵銀二十六兩八錢一分五釐二毫九絲四忽三徵路費銀二兩六錢八分一釐五毫二絲九忽有

閏徵銀二十九兩二分六釐四毫二絲路費銀二兩九錢二釐六毫四絲二忽解布政司轉解京戶房承辦

漁業課鈔無閏一十三兩五錢五分五釐八毫八絲有閏一十四兩三錢三分四釐三毫六絲解布政司漁戶出辦○萬歷四十七年加餉銀七千九百一十七兩五錢五分零田每畝加銀九釐七毫九絲五忽地每畝加銀九釐山每畝加銀七釐二毫二絲五忽一徵○崇禎末楊嗣昌又加練餉田每畝共科銀至一錢三分

戶口附

康熙二十九年鄉市人民共五萬九千八百一十九

後丁銀皆攤入地糧康熙五十二年欽奉

恩旨滋生人口永不加賦乾隆三十七年欽奉
上諭停止五年編審惟將滋生民數每歲底冊報俾歲增繁盛按籍稽考現在完賦市丁口計六千二百九十八口零鄉丁口計五萬三千五百二十六口零滋生人口三十九萬九千七百一十六口零

舊志晉太康志餘姚戶三千七百五十○宋大中祥符四年戶二萬一千六百有三丁四萬一千九百一十有三○嘉泰元年戶三萬八百八十有三丁三萬二千一百四十有五不成丁一萬二百三十有四○元至元二十七年戶四萬三千八百四十有七口二

十四萬二千六百九十有一丁未戊申饑疫耗戶二萬一千四百四十有七○明洪武二十四年戶五萬一千一百八十有八口二十萬六千五十有四○永樂十年戶五萬五千三百九十有二口一十八萬二千三百四十有九○宏治五年戶四萬一千四百一十有九口一十萬五千一百三十有二○宏治十五年戶四萬一千八百三十有五口一十五萬四千七百四十有七○正德七年戶四萬一千八百四十有一口一十五萬六千五百二十有四○嘉靖二年戶四萬一千八百四十有八口一十五萬八千三百六

十有四口男子一十一萬二千五百八十八○嘉靖四
十二年知縣周鳴塤覆實成丁男子五萬九千八百
一十七丁○萬曆二十五年知縣馬從龍申飭條鞭
鄉民五萬三千八百四十三口每口科本
斅丁照額色米一合四勺三抄八撮七圭二粒五黍
七粞四粃折色雜辦民壯均徭等項銀共一錢一分
一釐四毫三絲九忽八微一塵四渺八漠六埃八沙
○隅民五千九百七十四口每口科折色雜辦民壯
均徭等項銀共一錢三釐二毫五絲一微八塵九渺
五漠五埃五纖九沙○鄉宦舉監生員吏承農民竈
戶等項每丁例免雜辦民壯均徭銀九分七釐七毫
三絲一忽三微六渺
一漠五埃二纖六沙

餘姚志卷十一

知餘姚縣事唐若瀛修

災祥

晉太康四年夏田鼠食稻建興元年冬十一月戊午己巳庚午大雨雷電大興四年秋七月大雨饑晉書五行志太寧二年虞潭率鄉勇以討王含沈充舊浙江通志咸和九年三月丁酉地震咸康元年至三年薦饑晉書五行志

隆安三年孫恩來寇謝琰劉牢之討之琰爲所敗死之四年十月寧朔將軍高雅之及孫恩戰於餘姚敗

續劉牢之擊之入海浙江通志

唐開元十七年八月大水大歷二年水災元和元年大疫十二年水災太和三年大風海溢四年五年大水害稼開成四年旱唐書五行志

咸通元年剡賊劉從簡據大蘭山官軍討平之紹興府志

通鑑咸通元年剡賊裘甫自稱天下通知兵馬使改年羅平三月癸酉自上虞入餘姚殺丞尉六月觀察使王式討甫擒之甫從賊劉從簡率壯士五百突圍走諸將追至大蘭山從簡據險自守七月丁巳諸將共攻破之從簡走台州獨其下所殺餘姚民徐澤專魚鹽之利冒名至縣令豪縱州不能制式曰甫竊發不足慮若澤乃巨猾也窮治其姦榜死

十一年有大鳥四目三足鳴於山林其聲曰羅平唐書

五行志

乾寧三年三月錢鏐攻餘姚降之唐書本紀

天祐元年大雪唐書五行志

宋天禧元年蝗明道二年八月大水七年七月海溢大饑景祐四年八月大水嘉祐六年七月淫雨爲災熙寧八月旱元祐八年海風駕潮害民田元符二年十月朔江河水溢丈餘有聲數日乃止宋史五行志

宣和二年方臘從賊來寇越師劉述古敗之於南門橋紹興府志

六年水災宋史五行志

建炎三年五月蝗六月縣治雨血宋史新編

十二月駐驆餘姚旋幸明州建炎以來繫年要錄

〔嘉泰會稽志〕高宗以十一月二十八日發越州過餘姚幸明州金兵至餘姚把隘官陳彥屢獲首級十五日金人再攻餘姚破之火其廬舍令丞皆奔節級周珉殺縣武尉屠其家四年三月金兵退令丞歸視事斬周

珉

〔舊志〕李正民航海記車駕以十一月二十八日離越十二月五日至明州則駐驆餘姚當在二三兩日也府志云車駕駐邑金人尾之縣令李穎士把隘官陳彥張堤兵禦之而後帝如明州四月既望帝自明如姚非也金兵至姚在帝如明州之後帝由海道入溫州以至越州未嘗再過姚也

紹興元年大饑疫二年薦饑六年饑五年旱九年十年薦饑斗米千錢人食草木十八年七月大水十九

年大饑二十四年旱二十七年大水二十八年大風水二十九年螟螣饑三十年秋旱隆興元年八月大風水饑乾道元年寒敗首種損蠶大饑大疫三年淫雨淳熙元年秋大旱三年八月淫雨四年九月丁酉戊戌大風雨駕海濤敗海隄二千五百六十餘丈溺死四十餘人七年夏大旱八年五月大雨水漂没民舍大饑五年七月乙亥風濤壞海隄慶元元年無麥二年大水四年六月霖雨至於八月嘉泰二年蝗四年旱開禧元年旱嘉定二年夏大水三年螟六年十二月風潮壞海隄亘八鄉九年大水十五年霖雨爲

災寶慶二年秋大風海溢溺居民百十家嘉熙四年旱饑淳祐二年大水三年八月蝗景定二年水咸淳七年五月大風壞民居八年八月大水十年四月大風拔木宋史五行志

德祐三年正月承宣使張世傑師至焚邑廟學俱燬三月復至軍大掠紹興府志

元大德五年海溢六年五月不雨至於六月七年海溢十一年大旱饑疫至大七年大雨水害稼至元二年文廟火四年六月海溢至正十二年夏旱浙江通志

十八年方國珍據縣城十九年夏旱九月戊午國珍

築城二十年夏旱被兵二十三年旱饑紹興府志

〔於越新編〕國珍據慶元侵餘姚上虞以曹娥江爲界二十年秋張士誠取紹興以上虞爲界餘姚仍屬於國珍

二十四年湯和征方國珍自紹興渡曹娥江進次餘姚降其知州李密續通鑑

明正統七年秋海溢十二年蝗八月海鰌纍於塗長丁丈封其肉餘萬觔潮至復去景泰五年十二月至二月大雪害麥七年夏旱饑天順元年大旱饑二年三年旱薦饑五年夏旱蝗八年七月海溢九年雙鴈鄉洪水壞田廬八月海溢十二年七月大雨水害稼没

石堰場官鹽數十萬引成化七年九月海溢溺男女七百餘口大饑穜稑幾絕十七年十八年十九年薦饑浙江通志

二十三年秋大旱饑人化爲虎舊志

〔七修類稿〕成化間餘姚通德里王二者每夜出曉還其子跡之已變爲虎而足尚未全自後遂不復還

宏治元年大饑二年饑四年饑七年九月海溢十月至十二月不雨八年正月至二月不雨十二年六月平地水湧高三四尺饑十二年春不雨冬大寒姚江冰合十三年三月至五月不雨江南火焚三千餘家傷一百八人流火過江北焚二百餘家十四年秋旱

蝗大饑十五年無麥七月大雷電海溢十八年九月地震雞雉皆鳴晌有妖民驚衆晝夜禦之踰月乃息正德元年夏旱饑三年夏旱大饑四年七月大水十一月大水害荳麥橘柚五年大水饑六年八月虎入治城巡檢高彎射殺之七年七月大水海溢山崩隄決漂沒廬舍人畜夜燐破海有兵甲聲大饑十年春雨雹傷麥殺禽鳥夏上林鄉地出血冬大水無麥大饑斗米值銀一錢三分十二年四月地震蝗害麥十二月至閏十二月大雪十三年秋海溢十四年夏旱饑秋海溢訛言雞既盡殺之十五年夏旱大饑嘉靖

元年夏龍見於附子湖壞舍拔木秋龍見於孝義鄉二年夏旱饑日本入貢道出餘姚同類相攻殺民兵十餘人三年蝗大饑四年夏旱疫六年春夏大水無麥苗大饑八年螟害麥蝗害稼十年八月大水十二年十三年薦饑十八年旱十九年夏蝗禳之即散秋大水二十三年旱二十四年大旱斗米值銀二錢二十五年海溢紹興府志

二十六年陳氏一鵝生三掌留青日札二十八年雨血於梅川二十九年疫三十一年旱李樹生瓜浙江通志

三十二年倭攻臨山衛破之三十三年倭大掠梅川

上林龍泉諸鄉三十四年冬倭入四明太學生謝志望追至斤嶺戰死三十五年倭掠樂安湖防海類編

備倭事畧嘉靖三十二年四月乙未賊陷臨山衛參將俞大猷破走之三十三年正月犯餘姚九月掠臨山十月寇觀海衛三十四年四月犯餘姚省祭官杜槐率鄉兵禦之斬首一人從賊三十二人槐力竭死初餘姚候青門外有橋甚雄壯士大夫以倭至議毀之壓沒十餘人怨詈盈道後三日賊至適潮漲不能渡江南鄉兵擊之賊去六月賊自觀海衛山洋十一月復自奉化入四明居民弗虞寇至不爲備焚刼尤慘官軍不能勝餘姚謝生軍追及之謝生名志望文正公曾孫也捐家貲募勇敢五百人分三隊張左右翼遇賊酣戰自卯至午殺賊九人射傷二三十人矢盡力疲猶奮呼陷陣生貌白皙賊意其帥也叢刃殺之三十五年自臨山發掠寇觀海衛弗克欲入餘姚盧鏜遇之於丈亭大破之三十五年王直款定海關總督胡宗憲駐餘姚受降自是倭患少息

三十七年訛言有妖徹夜禦之月餘乃息三十八年
三十九年皆旱四十年秋澇四十三年夏大旱隆慶
三年海嘯萬歷元年旱三年海嘯壞廬舍四年虎亂
七年旱九年冬東門外蔣氏地出血十年旱十四年
地震十五年春有虎從水門入城十五年秋淫雨冬
大風折木十六年春大饑雙鴈民殺子而食夏旱十
七年大旱七月地震十八年十九年薦饑二十一年
旱二十三年春雪彌月不霽二十六年旱二十九年
訛言倭至冬多虎天啟七年七月大水崇禎元年七
月二十三日海溢漂沒廬舍人畜無算七年八月大

水八年地震十三年文廟柏樹見雀傷十四年正月
雨雪不止六月蝗大饑十七年旱紹興府志

皇朝順治三年餘姚內附城隍廟火舊志
四年甘露降於化安山柏樹浙江通志
五年四月雨雹故明魯王遣其臣王翊據四明山爲
舟山聲援九年　大兵平四明山砦執王翊殺之十
一年十二月江水皆冰十八年旱
康熙二年六月大風潮三年八月大水四年螟七年地
震生白毛九年六月大風害稼紹興府志
十三年山寇龔萬里據大嵐山遙應逆賊耿精忠官

軍討平之萬里伏誅平大嵐碑

二十八年北鄉胡氏牛產麒麟浙江通志

居易錄烏山胡氏有牛產一麟狼項馬足鱗身牛尾遍體肉鱗金紫相錯

二十九年八月大水平地水高丈餘

居易錄餘姚大水蛟蜃出者以千計縣西三十里有宋元符古碣一所當時之人刻水痕於麗柱留示子孫是年水較舊痕增二尺五寸

紹興府志是年諸暨餘姚上虞俱被水災而餘姚尤甚千山崩裂洪水流沙田禾盡沒屍棺漂泊田間平地水深丈餘事聞蒙

皇恩蠲免本年地丁銀三萬三千二兩四錢三分給發歷年捐贖積穀三千四百九十三石零賑給災黎知府李鐸自典鬻衣珥首倡捐募泣請總督巡撫藩司并合屬官紳士庶得米二萬七千餘石綿衣三千餘件親臨賑濟又因漂沒屍棺甚多藩司馬公如龍捐

俸二十兩知府李鐸捐米一百四十餘石即集饑民之壯年者日給米三升俾盡力淹埋共埋無主屍棺七百八十九口買棺殮暴露屍骸三十八口是以雖災不害

總督部院典捐米二百五十石巡撫都察院張捐米二百五十石布政司馬捐米三千石鹽法道任捐米六百五十石本府李捐米一萬二千石本縣康捐米三百石訓導方捐米十石蔣錫祉捐米一千石徐之墀捐米五百石徐世傑捐米四百石蔣珍捐米四百石景王祐捐米四百石高選之捐米四百石高青陽捐米四百石徐景濤捐米三百石謝楚玉捐米二百五十石聞人其昌捐米二百石聞人鎮捐米二百石蔣芳捐米二百石聞人伊捐米二百石謝理捐米一百八十石陳益生捐米一百五十石陸時成捐米一百十石施進捐米一百石楊圭章捐米一百石朱子範捐米一百石魯五聚捐米一百石姜芳侯捐米一百石徐燭捐米一百石張本信捐米一百石百石以下不徧載

三十年有年四十七年大嵐山寇張念一竊發伏誅

雍正二年七月海溢漂沒廬舍溺死二千餘人奉

恩旨賑恤　十一年鳳亭雙鴈等鄉有虎患次年乃止

乾隆九年七月海嘯害棉花奉

恩旨賑恤十六年旱大饑奉

恩旨賑恤各紳士捐米有差共姓名因案佚不載　十九年七月大水二十六年十二月大寒江水皆冰三十五年七月大風潮

四十二年大有年

餘姚志卷十一終

餘姚志卷十二

知餘姚縣事唐若瀛修

風俗

王銍學記云餘姚有諸馮之地舜所生也又王安石有歷山賦蓋亦思舜而作也習俗之美兼有舜之遺風矣（寶慶會稽續志）

俗多商賈不以奢侈華靡爲事而有魚鹽之饒（元一統志）

貝瓊復古堂記云餘姚山石林木皆古民務本而不爭多至百歲往來阡陌間熙熙如無懷葛天之徒風俗古矣（浙江通志）

其民知恥好善勤而不匱質而不俚占產至薄縮衣節食以卒伏臘地無瓌奇之產以來四方之遊販其民一而不雜嘉靖舊志

民知禮讓君子以讀書爲本業小人以技藝爲耕作愈貧寒者愈兀傲自矜士大夫頗有節槩然亦往往恃氣不相能其服食視諸邑爲奢浙江通志

歲時　元日設影堂朝家廟往來賀歲六日除影堂立春前一日知縣率屬迎春於東郊設句芒土牛按支干爲顏色大春牛腹中藏小春牛數十蕆春官募人充之天啟壬戌春官失期不至易裝一人已而原裝者又至其秋季寓庸調繁來郡逢吉部選來一邑遂有二令衆敝戊寅春官仆地其夏劉令雖

芳不祿人益以此奇之　明月打春破土牛取小春牛以充饋遺十三日後燈節復設影堂街坊市鎮張挂燈火二十日後徹影堂清明插柳滿簷上塚者滿野立夏嘗青梅煨麥端午其節物爲蒲艾繭虎其飲食爲花糕巧粽雄黃酒七夕市肆賣糖餅謂之巧果七月十五日名中元節僧寺作盂蘭盆齋其近水之處則放水燈中秋賞月雖雨亦爲之重九不登高但爲花糕飲食而已士大夫則間有修故事者十月中迎桑神以大纛爲導紙傘隨之冬至祀先不相賀慶十二月二十四日祭竈掃屋市井迎儺除夕設影堂燒燈貼門神

舊志

冠禮久廢婚禮六今之過帖即古之問名也今之過聘即古之納徵也其迎盤即古之請期也至於納采卜吉親迎今皆不行習俗以過帖爲主自過帖以後即不得再有變易婦入門即行廟見三日而見舅姑其贄以女紅喪禮饋食不用朔望而用中陰浮屠氏之教也祭禮以忌日生辰及墓祭爲重時物之饋間或行之山野之民則有羹飯祭時瓦盆盂箸雜置案間不分位次但跪讀其名號而已所謂禮不下庶人也同上

附墮民舊志宋南遷將卒背叛乘機肆毒及渠寇以勦捕就戮其餘黨焦光瓚等貶爲墮民散處浙東之寧紹其類有二一曰丐戶一曰郎戶民家吉凶之事男女皆來供役衣物居處特異其製狗頭帽横布裙低屋小房子孫不得考取入學仕進良民不通婚姻詳載别賤録

卷十二　三